懂你自己
才能 ＝
做你自己

找到你的天賦與道途
人生會更自由與豐盛

謝明杰 著

〈推薦序〉

自信源於自知

哇，要給人寫推薦序，真是。

有位要好的老同學，相交四十幾年，請我替他的作文書寫序，還補充說他是中部很叫座的作文老師。問他的新書主要教什麼？他說教起承轉合。

「@#$%^&*……教這種落伍的東西，誤人子弟。請您吃飯。寫序，我會寫：這種作者@#$%^&*……」結果，被老同學罵到人格掃地：「不夠意思，太不夠意思。幾十年才拜託你一件事，寫序對你是個小事，都不願意。枉費我們四十幾年的老交情。」說真話挨罵是什麼心情？開心。比言不由衷不傷心靈。

寫序的邀約總是不斷，只好設關卡：只給台灣作家寫序，而且只給新作家寫序。新手，標準不需太講究。能寫個年輕視野，文字流暢，充滿熱情，就值得鼓勵。這是我平衡身心靈的方法。方法之上有個價值觀頂著。俗語說，天蹋下來，有高個子頂著。我是天蹋下來，有自己的價值觀頂著。有沒有頂得東倒西歪，自己也不知道。

但是，價值觀和方法的確讓我從序的邀約，和人生的種種取捨中，容易解脫。

哇，要破例了。明杰不是新作家，已經寫過幾本好書。

想起一些事。有些富貴的好朋友，功成名就，或貴，或富。然後，他們喜歡參加打禪七、閉關、靜坐之類的身心靈活動。

「吃飽太閒喔，最多再二三十年，就要說再見，搞這個幹什麼？」

「你不知，聽講真有效。」然後就補上幾個我認識的名字，說誰誰誰已經去試驗過，真正有效果。

約一年過後，所有嚐過鮮的誰誰誰們都約過吃飯喝酒。沒有任何一個朋友，改變氣質或生活風格，全部還是我本來就認識的老樣子。活絡經濟成為打禪七，閉關的事後正當理由。

身心靈鍛鍊非常重要，最好從青少年時代就開始。

「對啊，整組壞了了啊，怎麼打坐也沒用。」一群二十年的企業界老朋友就這麼快樂，繼續聊天吃飯喝酒。

閱讀是身心靈奠基的首要。閱讀要選對書，「閱讀」和「閱毒」是諧音字。比較保險的是從世紀級大師的作品入手。他們最能滋養豐富人類的心靈，奠定人生的基本價值。身體的健康來自運動。靜以養心，動以養身，靜若處子，動如矯兔，不就是這麼說的？修身養性是遠遠不夠的，這世界上有太多的公共衝擊元素，和私領域的疑難雜症，需要解決和排除。

身心靈的健康，還有個祕方。像我這類的重度患者，精力充沛，熱情如火，公共情感掛帥，自以為的指數破表，各種強烈的元素衝突撞擊在理性和感性中。偶而幾次，我會想，如果不是寫作，我恐怕早就發瘋了。這不是形容詞，而是真的可能發生的事實。寫作是種釋放，也是自我療癒。當然，也可能是自溺。釋放是離別苦悶，自溺是堆積痛苦。釋放是關心別人，自溺是憐惜自己。

「懂你自己，才能做你自己」，是《拒絕聯考的小子》書中「自信源於自知」的現代版表達方式。自知不是零或一百，人生就是一個自我了解和自我修正的過程。這種成長的過程，需要有良師益友，適時真心真話提點，或能一生相伴，就是恩典。用宗教的語彙來說，就是神的使者。

過來人方知轉折的生死門。身心靈的課程門派多有，或根基於宗教，或仰賴心理學的學理，或來自人生的真實體悟。《懂你自己，才能做你自己》，是有條理的人生真誠自我告白，充滿公共關懷。釋放過去，放空一切，是保有生命新鮮度的絕佳方程式。

「誰能真正完全地接納自己生命中發生的一切，誰才真正開始站在創造未來的起跑點。」這麼說，簡白易懂。無論是大笑或大哭，或淺笑自嘲，自我告白總比回憶錄更具溫度，更有分享或啟發讀者的閱讀價值。自我告白不是啼哭或抱歉，而是對自己和遭遇的一切的本質洞悉和寬恕。

《懂你自己，才能做你自己》，值得推薦的一本新鮮書。祝福明杰，也祝福這本書的讀者。

吳祥輝　二〇一八年一月一日

目次

〈推薦序〉自信源於自知 4
〈再版序〉實踐「心靈創造論」 12

1 與任性的自己和解 17

◇穿越不想碰觸的過去 18
◇真面對，才有真面子 20
◇懂愛的人，找到了家 24
◇為你的選擇負起責任 30
◇傳統與叛逆 34
◇與任性的自己和解 40
◇不受教，先自助 44
◇上爬志，學做人 46
◇你要改變什麼？ 50
◇平實落地，我又再起 54

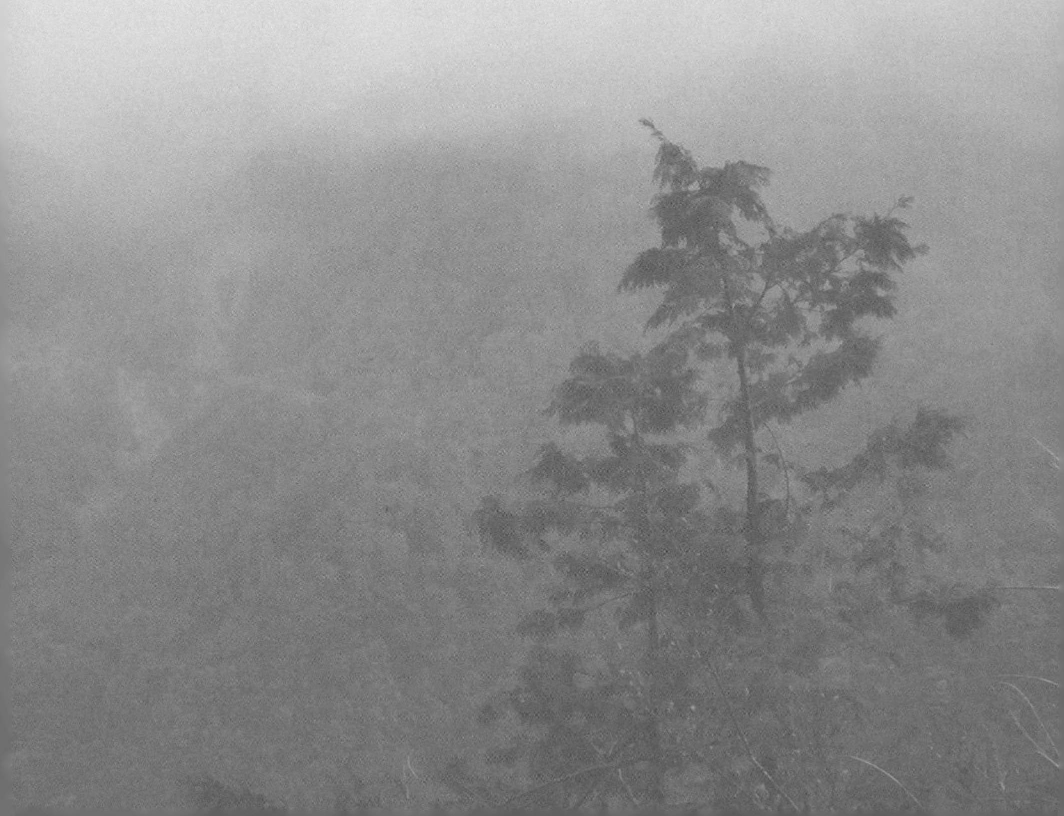

◇生命教我的事 58
◇人生使用手冊 64

2 打開心中的太平山莊 67

◇真空，才能創造 68
◇真善美過生活 72
◇學吃虧，以免人生有愧 78
◇人性股票的投資心法 82
◇比較和嫉妒，沒什麼不好 86
◇別讓情緒主導生活 90
◇只有差異性，沒有比較性 92
◇抖落汙染，不是逃避汙染 96
◇平衡，才能清晰 98
◇我只是自然 100
◇打開心中的太平山莊 104
◇內在沒有開關，外在就不會有事件 106

3 懂你自己，才能做你自己 109

◇看出幻象，進入自己 110
◇看自己是個咖 114
◇改造自己，分享價值 118
◇靈性上的好轉反應 124
◇干我屁事、干你屁事 128
◇幫助人和被幫助 134
◇靈性以玩樂為目的 138
◇孤單的反義詞 140
◇懂你自己，才能做你自己 146
◇信心的祕密 150
◇哪個是真正的你？ 154
◇四十以後，為自己活 156

4 知天機，不如懂人性 161

◇知天機，不如懂人性 162
◇後人類精神能量體 166
◇靈異體質 170
◇黑魔法 174
◇水鬼與道士 180
◇消失的機車行 184
◇算命與神通 190
◇濟公壇的善書 194
◇遇見蛇山神 198
◇從前從前的老住戶 202
◇隨波逐流才需要算命 206
◇與其窺探前世，不如今生努力 208
◇催眠與我 212
◇以幻止幻 216

〈再版序〉實踐「心靈創造論」

修行其實就是一個人見自己、見天地、見眾生的過程。

見自己，是對自己有透徹的了解，知道自己的能耐、屬性、極限與弱點。

見天地，是藉由觀察與學習，認識那至大而不可見者，讓最初的知識變成自己的信念與思惟，合成血肉使道成肉身。

見眾生，是回歸平實、甘願落地，洗腳擦鞋、柴米油鹽，好好吃飯、好好睡覺。圓滿歡喜！

我們來這個世界其實也沒什麼了不起的任務，就三個：吃得下飯、睡得著覺、笑得出來。我們努力學習、認真工作，以為自己真的累積出什麼本事了，往往到了一個年紀之後會逐漸體悟到「空」這個字。

失戀了悟到了情空，丟錢了悟到了財空，縱有所成也遲早在歲月中化為灰燼，翩然一回頭發現虛度一生兩手空空，只是還沒有到四大皆空，於是只好繼續修煉繼續參悟。

見自己？難！真難！

難的不是空，是空不了。學的也不是捨，是捨不得。抓取不難，難的是放下。放下不過鬆手，心卻鬆不了。一整天總是揪著綳著，自己的本來面目都還沒見著就病了。直到病了才甘願安靜下來思索人生究竟是怎麼一回事？究竟自己所為何來？

佛說執著會帶來痛苦。放不下是執著嗎？是，也不是。生命裡頭如果你想要有滋有味，有些東西不可放也不能放。等到這些滋味你都嚐膩了，不用佛陀來說法你也自動懂得放下。

所以關鍵不是執著，正好相反，是執著太少。與其說執著太少，不如說經歷太少。人生就是一個來經歷來體驗的過程。

活在當下、全心全力、心神合一的去「經歷」任何一切的真善美醜、苦樂愛欲、喜怒悲歡。但凡認真經歷之後就可以放下執著，不再耽溺。

當一個人學會不再耽溺於自己內在的各種問題和煩惱，他就取得了「見天地」的門票，宇宙的意識將為他灌注，天堂之門也為他打開。那些緊抓著執著不放的，可能就是因為「見自己」的體驗還不夠，於是生死輪迴就變得無可避免了！

「見天地」並不是要理解地球科學或是宇宙萬物，而是知曉「創造的祕密」。天地都是被創造出來的，有天有地才有人類的存在與創造。

作為一個人，我們有各式各樣的欲望。我們活著一生其實就是活在滿足欲望的過程。不管這個欲望是為自己還是為眾人，我們總是想要創造些什麼來作為不虛此生的證明。我們可能學習了一些與創造有關的技術，可以在這個表象的世界裡面創造出一些實體的東西，像是你生活觸目所見的所有物品。可是我們要怎麼為自己的人生創造價值？

一直以來「成功」二字都是每一個有抱負的社會新鮮人心中的期許，但怎樣的人生算是成功？賺很多錢嗎？金錢可以買到很多東西，但是買不到真愛，和你對自己發自內心的看重，以及別人肯定你的價值。我見過太多窮到只剩下錢的人，所有金錢可以滿足的，他們都沒有問題，但是他們的內在一片荒蕪，貧瘠而匱乏。愛、自我價值和肯定，這幾個詞與他們無關。

許多的人用生命在賺錢，而不是創造一個值得擁有的生命。

怎麼樣的生命是一個值得擁有的？

我們能夠既賺到我們渴望的足夠金錢又擁有一個有價值的生命嗎？

答案當然是肯定的！這本書或許可以提供一些解答。

不管是足夠的金錢，或是一個具有價值的生命，他的答案都不是在外界，而是在你的內在。也就是你的心靈。

「心靈創造論」是我終其一生都會認真講述的事情，因為我自己的人生就是「心靈創造論」的實踐者與成就者。我可以大膽地告訴各位：所有你此生真切渴望的事物與經歷，都可以透過心靈的力量來為你實現。我說的實現不是想像與催眠，我說的是實實在在看得見、摸得著的出現在你的眼前。

這是一本操練手冊，是我用許多年的時間每天一點一滴的記錄收集而成。

因為讓你創造你所渴望的豐盛人生與生命價值是我此生的欲望、責任和天命。

謝明杰　二〇二四年五月一日

1

與任性的自己和解

誰能真正完全地接納自己生命中發生的一切，
誰才真正開始站在創造未來的起跑點。

◇穿越不想碰觸的過去

你有「時光寶盒」嗎？我有。以前沒有臉書，我習慣把工作和生活時的領悟與感受用小卡紙寫下，幾年的時間已經是一大疊。幾次搬家都固定放在紙箱裡不曾遺落，什麼都可以掉，生命的軌跡可不能失落。

我不曾打開這箱子。今天為了某個特別的因素，我打開它。彷彿一下掉入時光隧道，裡面有當時我的照片，也有和當時女友的合照。這些都至少有二十年的歷史，照片的我當然已經不是現在的我，照片裡的她已經為人妻子了吧？

檢視著自己成熟的過程和改變前的紀錄，許多當時不成熟的觀念被調整著，許多懶散負面的態度被激勵著。拚搏中的懊糟生活，迴盪著常聽見的奚落取笑。一次又一次，我在挫折與錯誤中領悟省思的紀錄。

我慢慢地看著這些成就前的裝備和成熟度的地基，默默感受著當時的辛勞痛苦與各種境遇的摧殘。很多的教訓與經驗只需要刻骨的一次，但感受卻是終身銘記。

我有很多年不敢打開這箱子，仍活在悽慘角落的我若看見這些「軌跡」，只會引發更多的噓微。現在我知道這些都過去了，不論我此刻是好是壞，它們都曾扎扎實實是我生命中的一部分。當時的人或許已經不在，但我還在；當時的錯誤或許不可逆轉，但時光可以弭平。

當我端視著這些當時其實並不令人愉快的過程記憶，我竟然沒有任何負面情緒，心中只有感動與感謝。這一刻，我終於穿越了自己長年來都不想碰觸的過去。最近經常「撿到」許多老戰友、老朋友，我知道這代表什麼意義。

當你準備好接納了，該回來的都會回來。和當時的我相比，我已經飛得太遠，這些記憶像是一根看不見的繩子把我拴住，不時地扯動我的心提醒我，好叫我知道自己的所來之處；飛得再遠再高，這繩子都能把我打回原形，如果我忘記我是誰的話。

◇真面對，才有真面子

年關年關，對許多人來說，新舊年交替的時候就是一個大關。生死關就不用說了，因為不論生死，都算是過了關。死關好對付，倒是對還活著的人來說，年關要面對的就是情感關，錢反而其次。人不論有錢沒錢，情是一定有的，也正因為人人都有情，在團聚的時候總是幾家歡樂幾家愁。

每個人幾乎不可避免的都和原生家庭有著許多親情恩怨的糾葛，這些糾葛放在平日也只是擱在心底，大家工作各忙各的，眼沒見心不煩；可到了家家戶戶團圓聚會的年節，年假前就已經開始琢磨著，想見誰不見誰、想聽啥不聽啥。可既然稱之為「關」，就沒那麼好打發。不想見的最後還是得見，不想聽的即便裝作沒聽見，還是聽見了。鬧得是幾家歡樂幾家愁，幾人尷尬幾人憂。

上頭說的還是有家有眷的，親不親總是家人，尷尬也好討厭也罷總還是一家子聚一塊。那些孤家寡人的、無父無母的，到了年關見家家戶戶扶老攜幼，那才真叫淒涼孤單，當中的悲憂與對過往的思念、懊悔才真叫人欲哭無淚。有的不是沒有家人，而是自絕於家人之外孤絕一身，可能看起來頗瀟灑自在，箇中滋味可如人寒天飲冰水。

還有家人的，別管恩怨了，回去吧！活到一把年紀，誰沒點過去？吃到這個歲數，誰沒犯點過錯？甭說父母家人都難免有錯，誰自己不曾狼狽、不曾挫敗一身瘡疤？每每深夜想起，莫不羞愧驚恐冷汗直冒。

但這些個破事兒，也只有家人替你兜著，咱卻只想著在家人面前爭點面子；既是知道了這些過往破事，也就沒了面子可言，可要為此自絕於家人之列，也未免太過。不如放下面子吧！爭臉面是好事，可爭到熬煞了自己、逼苦了家人，就算是贏了面子也只能呼悠外人，裡子還是虛的。

面子得爭，要爭，必須爭。那是爭法的問題，不回去不是不爭、不是放下、不是豁達，是逃避。真面對才有真面子。不是老想著給自己開創更美好的未來、爭點臉面嗎？答案在下面：

誰能真正完全地接納自己生命中發生的一切，誰才真正開始站在創造未來的起跑點。

真正的接納意味著，談論起那些讓你遺憾的、悲催的、痛苦的各種「被害者」的陷溺，不僅不起情緒，還能像說個不相干的故事一般。見到那些傷害過你、羞辱過你、攻擊過你、毀謗過你的朋友與親人，即便做不到原諒，也已經無恨。

一個真正完全接納自己生命一切發生的人，是原諒他人同時寬恕自己的人。這樣的人，生命已經被新造，重新歸零重新開始。命運拘束不了他，世界對他是平的，任他五湖四海踏遍。他帶著接納一切的笑容和對生命豁達的睿智行走，世界會為他讓路，因為他知道，面子或裡子都不過是一場幻影戲碼，真正的自己和永恆的價值不在那裡，他可以昂首闊步，任人品頭論足。

他心中自有如意泉，他在那裡充電，飲那天心的甘霖。

延伸筆記

解脫靈魂的DNA

眾多案例顯示，原生家庭的印記像是紋身一樣，深刻影響一個人一輩子。不管你認不認同、接不接受、喜不喜歡。

有太多人曾經賭誓：「我絕對不要跟我爸、我媽一樣！」卻不知不覺中複製著他們的言行、婚姻、生命歷程。

原生家庭帶著靈魂的DNA，像是黑膠唱片的刻痕，唱著古老的哀歌。如果你沒有刻意帶著覺察，時時刻刻分分秒秒地觀照自己的思言行，而用輕忽無所謂的態度一天過一天，結果就是不知不覺又讓唱針順著刻痕滑動，持續播放你最痛苦的歌曲牽動情緒。

換張唱片吧！要知道你是播放機，不是唱片，你大可利用明晰的覺察為自己換張唱片，播放全新的人生歌曲。

難嗎？也難，也不難。難在你必須要在一段不算短的歲月中保持覺察，不退轉、不放棄。不難的是，一旦決定並開始產生效果，你就會被全新的生活態度、價值觀所帶來的新生命深深吸引。

有時候自己很難產生改變的初衷，直到你受夠了。尋求協助會是個好方法，識途老馬會帶你走比較輕省的道路。

◇懂愛的人，找到了家

小時候「家」是母親。母親因為身體的關係無法親自哺乳，但是我喜歡在母親懷中，順著母親呼吸的律動，抱著奶瓶喝奶。那時候幾個月大吧！經常啼哭，我直到現在還深深記得啼哭的原因，因為有影象顯現給還是娃兒的我，讓我預先知道「人生此去多苦」，卻又無法言語表達，只能嚎啕大哭。約莫從這時候起，「家」便是「苦」的起點。

稍大後，父親跑船上岸，開始了創業之路，我已經逐漸習慣被壓縮限制在一個小小的軀殼，像是沒來過世界似的，開始用手、用嘴、用眼、用耳探索這個世界。為了滿足我永無止盡的好奇心，小小年紀受傷、挨揍、被吼罵便成家常便飯，我在大人心中也被貼上「頑皮」、「手賤」的標籤。

我的頑皮是講不聽的，你沒讓我「親自」經歷嘗試，光告訴我「這不可以」，是休想讓我停手的。所以，大人眼中相同的禁忌，我是一再觸犯，沒弄到自己心中有結論，是不會停手罷休。大人眼中的我總是一錯再錯，小小年紀就被貼上「頑劣」的標籤，台語叫做「給洨」。不知道為什麼，從「頑皮」升級到「頑劣」我還挺高興，可能是因為這樣可以獲得大人注視與關愛的眼神吧！只是，那份關注常常是皮鞭與藤條。

這個時候「家」同時是我大膽探索的城堡，也經常變成逼供哭號的地方。好奇心的不滿足和頑劣之後的毒打同時發生在一個空間，這個家讓我疑惑：我到底在哪裡？父親的脾氣隨著創業日趨易怒，我必須承認他是一個努力的人，但或許看見我總是在玩，同時還給他惹麻煩，於是當時年輕的他，最直接的情緒出口就是扁我。

有些小孩你扁他他會乖，有些是你越扁他越「故意」，我是後者。老實說當我爸媽也不容易，從我有記憶起，我就是個麻煩製造機。他們能堅持把我養大，沒把我送去孤兒院，其實是要有很大的決心的。好吧！或許還有愛。

這個愛，我當時是感受不到的。當時我就很不解：你痛扁我，卻說愛我？但我一點都不懷疑他們一定會養大我的決心。老實說，他們辛苦了，我也辛苦了。能長大成人，對他們、對我來說，都是一樁奇蹟。但這奇蹟付出了我的童年作為代價。父親後來帶著全家跑路，光是小學六年，我就全台北、中、南唸了四個學校，中間還得一度寄人籬下。

「家」這時候不是避風港，倒像是隨時準備要「逃離」的地方。我常奇怪，之前老爸扁我，我逃，怎麼現在老爸要帶著我逃？是有人要扁老爸嗎？當時年紀小，在尚未對「社會」啟蒙的年紀裡，這場「家變」給了我第一堂「社會課」。小小年紀的心中，開始有了「人心險惡」的概念。雖無餐風露宿，但居無定所一段時間，輾轉讀了幾個小學後，我開始老練起來，小學五年級就在班上扁一個欺負我這轉學生的大個子。其實我該好好跟他說的，但那個時候我只學會用拳頭說話。

「家」是我受傷會回家擦藥的地方。但我不會講。很快，我進入少年，本來當時的「家」該是我讀書、休息與睡眠的地方，但因為與父親的衝突白熱化形同水火，「家」變成我根本不想回去的地方。那個時候是「爹親娘親不如兄弟親，爹疼娘疼不如大哥疼」的年紀，一天到晚往外跑，跟父親口中的「豬朋狗友」混在一起，可以幾天不回家，偶爾回家就是換衣服跟洗澡。

「家」這時候在我心中，當然已經不具備溫暖與愛的意義。最多就是可以睡覺休息的地方。當時年輕，坦白說也不覺得怎樣，一點也不清楚在這樣潛移默化的成長過程裡，我對「家」的認知竟然變得無知而薄弱。但是好房子還是喜歡的。當時只能看人家住別墅乾流羨慕的口水，卻不敢奢望自己有一天能住進去。不是擁有喔，我說的只是「住進去」，哪怕一天。

我退伍後與父親切割決裂，真的離家闖蕩。要說居無定所、餐風露宿、家徒四壁、身無長物，都是當時對我貼切的形容。要說闖蕩，當然是想闖出名堂，只是求溫飽都尚且不足，何敢談名堂？光付不起房租被房東趕著搬家，就不知多少次。從小到大，別的經驗沒有，搬家的經驗可是十足豐富。大大小小超過五十次！住過的地方遍及全台以及全台北市、新北市。一想到家，我就頭痛！一說要搬家，我就噁心！

「家」，從小就是我惹麻煩或是惹我煩的地方。一想起「家」我就皺眉，我就氣、我就煩！

但是人總得有個窩，就算不買，租也得租一個，我就這麼一路租屋租到現在。十多年前怡婷進入我的生活，我開始有了「建立一個家」的心理狀態與實際行動。只可惜，我心中對「家」的定義太模糊也太膚淺，或許是慣性吧？我弄了一個家，讓怡婷可以住得舒服，自己卻又天天「逃家」。總是藉口出門，一出去就是幾個小時，也不是幹嘛，就是情願待在外面不回家。哪怕怡婷把家弄得乾乾淨淨綠意盎然。

我不知道我怎麼了，但我知道我有問題。直到怡婷受不了，直到我也終於憋不住，我們倆就這問題開啟一段深入對話。這對話重新建立了我對「家」的感動，改變了我對「家」的看法。

後來，我決定不只花錢打造一個睡覺休息的「屋子」，而是實實在在地把它當作有愛、溫暖與休憩的空間。我與父親冰封多年的關係早已冰釋暖化，但是這一個成長過程中對「家」的潛意識痕跡，卻嵌在骨頭裡牢不可破，又像血液，不知不覺地奔流在我的細胞裡。

是什麼改變了我對「家」的印記？是愛！這份愛，其實父母也有，用的是永不放棄的親情，只是這份親情他們也只能用僅知道的態度和方法來對我表達，當時愚莽魯鈍的我卻不曾用心感受。而今是「愛情」彌補了這份缺憾。當我在外被人群和朋友簇擁著時，默默等我的是另一半。當我在外受了委屈，聆聽我難過的是我的另一半。當朋友的熱絡不再，甚至漸行漸遠時，默默陪我的還是另一半。人最不該忘的就是陪你到最後的人。

什麼叫做愛情？什麼又是真愛？迷戀、狂戀、癡愛都不算，只有共同建立一個家，並且在生活事件的衝撞與摩擦中還能堅持手牽手的，才叫做愛情。最重要的是，這份情的時間得夠長，長到夠讓你們的皮變皺，才是真愛。

以前的我不懂，辜負很多人。而因為曾經痛過、失去過，所以我明白珍惜眼前人的重要，而不是老是注意缺點。沒有人是完美，我們怎能要求完美伴侶？相對的，其實也沒那麼不完美，對吧？為何要等到孤單時才想起另一半的好？冬天冷，多一個人分享體溫、分享愛，才讓血液找到靈性的昇華。

聰明的人建起了房，懂愛的人才找到了家。

◇為你的選擇負起責任

運動完，我坐在哈拉影城前星巴克的露天椅上休息。身旁一位中年男士，全身踏板勇士的行頭，外加一台外行人都知道價值不斐的腳踏車，因為距離太近，我們就聊了起來。他是做腳踏車配件的代理商，一邊跟我說著腳踏車運動帶給他的快樂，一邊跟我分享腳踏車運動和產品選用的知識。離去前給了我一張名片，告訴我，他院子裡的櫻花正在盛開。

其實，我是很愛騎腳踏車的，但是我一直對於公路自行車有著負面陰影。這個陰影來自我國中一年級升二年級的暑假。當時很有名的牌子除了捷安特，就是來禮自行車。對一個國中生來說，當時這兩個牌子都是碰不起的。按當時的價格八九千已經是天價，上萬元的車那是天菜。我用二千多元的價錢，自行決定買了一台不是大牌的腳踏車，我記得是藍色的車架，美麗的外型是我夢寐以求。

我興高采烈地牽著車回家，父親回家後看見腳踏車，二話不說就開始火大，並且叫我牽回去退。我當然百般不願，我不明白一個孩子買一台腳踏車騎有什麼好生氣？又不是什麼不良嗜好。而且才剛高高興興地買了，不到幾小時又要我厚著臉皮牽回去退，原因竟然是老爸反對！這可是太丟臉的事。我抵死不從，老爸拿出鋸子，威脅我，要是不退就當場把車架鋸斷。看來他是打算，若我不退車，也不讓我擁有和騎乘。最後我是百般不願地妥協了，但是心中已經種下對父親諸多的憤恨，因為這不是第一次。另一次是我在寒假時用壓歲錢買了一些飛機模型，也是被他一腳一盒地踩碎，然後把我趕出家門。

我在種滿櫻花的腳踏車店裡，看著動輒上萬、甚至數十萬的腳踏車，心中想起這段往事。以前買不起的，現在可能輕鬆地可以擁有，但那一段渴望的歲月和充沛的精力，是永遠回不來了。

小小年紀的我其實喜靜不喜動，我會給自己找一些樂子，自己玩得開心。如果我變得外向，變得叛逆，變得極端，變得暴戾，那是因為我有一個很好的榜樣，就是我的父親。有很長一段時間，我一直認定「都是他」造成了我的性格反叛和扭曲。越是這樣想，我的行為就越乖張偏差。可能老爸一開始想要把我「校正」吧，卻適得其反。

當時有「大哥」想要吸收我，對當時的我其實極具誘惑。有人關照、有人挺，好過在家被「糟蹋」、被輕視。甚至大哥黑星手槍都已經亮在我面前說要給我保管，跟我說等我十八歲，門口那台黑色賓士就是我的。當時又高興，又害怕。一個聲音在心底浮現：「這不是你要走的路。」奇怪的是我竟然聽了！然後拒絕了這位大哥。從此，我沒有再踏進他的電動玩具店，只是，我依舊喜歡找狐群狗黨飆車、夜遊、耍帥、把妹。雖然不混黑道，但我也沒學好就是。所以一路顛簸，出社會後就算努力，成績還是有限，依然被人瞧不起。

我想，以我的人生犯下的許多錯誤，我可能不是個好教材，也不具備教導人的資格。但有一點我絕對有資格跟兄弟你分享，那就是「負起責任，不再將今日的不幸責怪家人」。這是我被神教導後最深最深的領悟。

父母當年「不准」的事情太多了，要是每一件都大到足以影響我們的人生，那我們過的其實不是我們自己的生命。不要忘記我們每個人都對自己有主導權，包括「要不要聽從父母」。父母說家裡窮，你不能讀書需要去賺錢，你就算不願意，也是聽從了，長大後卻難免埋怨。這是對自己當時的決定不負責任的表現。要聽從，就別怨，不然就另找出路（像是自己買書來偷時間讀，或是做好目標的設立，例如多久後要去學校上學），然後為這新選擇負起責任，這是男子漢的承擔。

我們不能什麼都怪父母。不讓我們買車、因為要賺錢不讓我們上學，或許可以怪父母，因為他們的愛，其實他們願意承擔所有我們的責怪。可是我們在外面幹了不該幹的事情，走上不該走的路，該怪誰呢？

答案很清楚的是「自己」。但我們從不是真正的「怪自己」。要是真怪自己，你不會還拿父母出來做理由。成長過程的所有經歷，父母是有責任，但這責任不會無限上綱。身為有自主意志的靈長類動物，我們自己負有更多的責任。

往者已矣，改變思惟，扭轉信念，你就能看見方向與目標，讓自己不再航行茫茫大海。兄弟，為自己任何時候的選擇與決定做出承擔，表現對一切結果的接納並且不去批判，是成熟的表現。

很多人活到年紀一把還不成熟，不是因為不會老，是因為不負責。

◇傳統與叛逆

趁著朋友臨時有事無法聚會，我和怡婷抓緊這難得空餘的時間，到迪化街走走，這裡充滿著人間的味道，有我童年的時光，也有我青年的慘淡。童年的記憶雖不甚美麗，但發生在這條街上的記憶卻都是斑斕鮮艷的，直到現在，當我想起童年住的屋子後門，一開就是淡水河岸，不時會有螃蟹爬進屋子來，還是會很開心地笑。因為我從小怪異，聽不懂人話也不被懂，當時只有動物們懂我，從很小起，牠們就是我的玩伴和好友直到現在。

牽著怡婷的手，我絮絮叨叨地告訴她，這條街上哪個點什麼時候發生過什麼事，幾年幾月我在哪邊做什麼，果子狸常常跟著我走哪條路線散步。或許是老了，昨天的事忘得乾淨，倒是陳年舊封的記憶像時光寶盒似地憶起，讓我心驚也讓我欣喜。

這裡過年時是年貨大街，平日則被當作懷舊老街。在台灣，懷舊的事物都一定會跟文創扯上邊，儘管我並不認為，在仿製的老東西加上一些老派的文辭和看似樸拙的精緻包裝就是文創，不過似乎市場上還蠻吃這一套。所以，台灣的老街走來走去都是一樣的風味，文創商品看來看去都像是復刻的商品，有表象的文化意象，卻少了「人」的靈魂灌注。像極了麥當勞的漢堡被制式和系統地生產，也被制式地行銷，大腦被制式地催眠購買，最後被身體制式地消化。另一個跟小麥漢堡很像的是，「文創商品」放著都不會壞，萬年不敗。

年過了，迪化街上的人龍早已散場，街上廣場上人潮依舊，但不若年節時的擁簇，有藝文小清新，有日本觀光客，有懷舊的，有採買布疋藥材的……如果不是我很清楚現在是幾年，閉著眼走在街上，很容易以為回到日本時代。這裡的店家都要會說日語，日本觀光客占來客數的二分之一強，另二分之一是靠強國。要是再沒有年貨大街的支撐，光靠本地散客，生意就難維持了。這裡都是老店居多，新店面若無同業的後台，多不容易生存；老店有老批發客戶，就算店面生意冷清，光靠長年維繫的批發商，還是可以支撐門戶。

旁人一看就知道我和怡婷不是小清新，也不像是觀光客，說是來懷舊的倒也不是，就是抱著回老家的心情圖個清靜。十幾年前落魄蝸居在這兒的時候，常常帶著果子狸走街串巷，果子狸替我贏得好人緣。多年前的老鄰居在霞海城隍廟前開店，知道我來，就喬出店門口讓我停車。假日的迪化街可是一位難求，當時蒙她照顧，如今舊地重遊還是受她協助，一整個大窩心。

南北雜貨糕餅舖裡還是留有一如往常的芳香，最衝腦門的氣味數藥材行，所有的中藥材集合起來的味道，大老遠就聞得到。你以為都是一樣的味兒？真讓你一樣一樣地細聞，每樣藥材又都有個別的香氣。如果說顏色是季節的語言，那氣味就是藥材的名牌。那氣息會讓你好奇：這是它們本來的氣味，還是進了藥材倉庫才染上的？小時候到店裡看阿公，看著一樣的麻布袋裝著各種不同的藥材，老夥計卻總是能精確地知道哪個袋裝著哪個藥，甚至不需要將鼻子湊過去。

我走在迪化街上，往昔童年的記憶一點一滴的，原來都不曾遺忘。小時候最盼過年，也最怕過年。盼的是總能有多點好吃的，家族雖大戶，但我爸這家又窮又俗，我又最皮，在長輩眼裡，我不是頻遭白眼，要不就是被老爸當著其他長輩面前教訓。這些回憶充斥著我，也餵養了我的叛逆性格。

曾聽人說：「要養出一個逆子，你只需要不擇手段地否定和壓迫他就好了。他若沒本事，就會被逼著乖巧；但只要稍有本事，肯定反骨。」雖然反骨不一定就代表本事，但在那樣像官逼民反的情況下，反皮賤骨還真說得上是一帖有用的靈符。

好歹願意開始反，表示自我意識崛起，表示人生開始改寫，命運的枷鎖開始鬆動。

任何時代的「反」都有著兩個重要意義，一個是破壞，一個是建設。有反的心思的人不一定會行動，那需要的除了破壞的勇氣，還得有能重建的把握。多數人只敢在心裡嘟囔著，依舊做長輩眼中的乖寶寶。只有少數人像是發狂似的，受不了被笨重傳統壓制而生的鄙夷眼神和酸腐的話語，受不了人性在傳統的背負下扭曲了良善與天真的本質，情願拿憤怒的烈火焚燒自己，要嘛玉石俱焚，要嘛浴火重生。這樣的反，小至一人一家，大至一國一朝，斑斑血淚歷史可考。可以說，沒有這樣的反，人類不會進步。

傳統這玩意兒不能全說不好，可以說，留下至今的多數是好的，除了那缺乏彈性與變化的。很可惜的是，我們往往要很久的時間，才能在堅持與放手間學會彈性。任何事一旦失了彈性，就會堅硬，在歲月的推遷之下難免崩塌，今天缺一塊明天塌一角，那麼離湮滅的日子也不遠了。

很多人在極大的工作壓力下讓自己堅強地忍受與壓抑，直到他們終於瀕臨崩潰前來諮詢，我會回答「事事都認真，但要事事不當真」，意思就是：你外在無論多努力多認真，也不要把這份壓力往心裡送。這不是「不用心」，恰恰相反，越是這樣的一派輕鬆，事情越能如意完成。心想事成是很弔詭的，正是要你無心空心，你才真正能夠用心。

我很年輕時曾經遇到一個人，他對我說：「我只有一個原則，就是我沒有原則。」直到很多年後我才明白他當年說的意思：「任何的堅持都要堅持有彈性。」我後來更明白到，外在一切都是心像的投射，其實是假。讓心處在彈性的狀態裡，創造會變得更輕盈，生命會獲得更豐盛。在有彈性的心面前，任何傳統都可以溝通調整，任何人性與劣敗都有轉圜的餘地。

彈性，讓人們有了氣度與胸襟，多了富於屈伸變化的生命格局。宇宙無量，世事無常，莫不說明，就連大自然也充滿彈性。能以天地為師的人方屬智慧，失去了彈性原則，我們甚至連原先堅持的都會失去。

回想當年我硬梆梆又狗屁不通，原則一堆。別人使不上力，自己也脫不開身。很多年後我稍長閱歷，被歲月圓融了智慧、練達了人情，才多多少少明白，這一生讓心靈保持彈性有多重要。

暴風肆虐的森林裡，最先折腰的往往是參天巨木，小草則隨風搖曳，迎接隔日的朝陽。

延伸筆記

穿著鎧甲翻身不易

待處理的事項一籮筐，讓我想起以往窮忙的歲月。那段日子艱苦，卻打造了我性格的韌性和生命的智慧，使我如今受得了苦也熬得住難。

吃苦有個好處：學會謙卑。遇事不再自以為是的「大主大意」，而是請益他人。從別人的腦袋汲取智慧，好過用生命滾出一身的傷。畢竟我不年輕了，沒有太多承擔「重來」的本錢。

如果我有一個天賦，那就是：我總是知道，誰能助我解決問題、突破盲點。藉由他們，我可以少走很多冤枉路。

有些人可能過於自信或自負，遇事不找人請益參詳，自以為是的自做主張，卻在事與願違或不如預期時，回頭找尋這些當時不屑其意見的人求助。

多年前的我，曾經是這樣的人，搞到自己天天吃後悔藥，別人搖頭嘆息，避之唯恐不及。幸好苦沒白熬，後悔藥沒白吃，懂得放下驕傲的鎧甲，用柔軟真心處事待人，虛心請益。果然生命結果大不同！

如果你一直在經歷相同的事件迴圈，走不出生命的框架，或許表示：你該脫下驕傲的鎧甲了！

不然，穿著鎧甲翻身不易啊！

◇與任性的自己和解

讀書萬卷、遇事萬千，縱然鬢鬚斑白馬齒徒長，也不一定會成為一個成熟的人。一個成熟的人，首先要能跟自己和解，否則到老都還只是個孩子。

當然你不會教右手打左手、教左手朝臉頰呼拳頭，但你可能時常做出或說出一些「不太正常」、「失去理性」的話語和行為，形同和自己作對。通常是在情緒激動之下，通常會在被冒犯之後，你內在的「任性小孩」掌管了你的後續言行。於是你便忘記了你其實已經是個大人，忘記了其實那個小孩早已不存在，忘記了事情其實沒有那麼嚴重，忘記了反應過度會帶來的後果。於是你刻意地讓不成熟的任性驅使你，一步步往自毀的方向逼近……

任性的小孩都是衝動的，這種衝動我們稱之為不成熟。要是你成長過程裡，過去的那個孩子曾經被操控、受壓抑，他很有可能時不時會出來亮個相，讓你知道他還在，而且毫無疑問，現在對你仍有強大的影響力。而所有因他而起的、讓你後悔甚至要收拾的善後，都是他對你強烈而溫柔的提醒。

其實他已經不在了，過去了，但能量不滅。他當時受到的委屈和壓抑、渴望與不被了解，這些能量形成一個看不見形體的人格住在你體內。所以你不要奇怪，為何明明早已成熟的你，會把一段關係毀掉、會搞砸一筆生意、會觸怒不該觸怒的人、會成為壞事的最後一根稻草。一切都是因為他，也因為你。正視他，是為自己生命負責任的開始。

當你注意到他，不要把這個孩子的任性歸於高貴的「赤子之心」，赤子之心和孩子氣的幼稚是兩碼事。赤子之心說的是不分別，沒有標籤；孩子氣的幼稚正好相反；而更幼稚的是任性，任性會讓幼稚的行為往衝動、極端的方向走去。你可以說，當一個人老是衝動、極端，他不只幼稚而且任性。

任性會為你人生已經建構的一切帶來危險性。他會毀掉你的人脈，花光你的錢，殺死你們的愛，影響層面無遠弗屆。簡單說，那個人就是你，另一個你，另一個會在你志得意滿、功成名就時，讓你做出不該做的決定、說出兩敗俱傷的話、大開成功倒車的你。你必須在他為自己的衝動毀掉你之前制止他。首先，你必須要先認出他，而承認自己內在有著另一個未被看見、未被關注許久的自己。

很有可能你只是「偶爾」衝動行事，任性恣意，但不要忽略這些偶爾才出現的訊息，他正在蓄勢待發，準備為了好好讓你正視他的存在而幹一票大的。所有曾經有過「為自己的衝動懊悔不已」的人，都知道我在說什麼，「他」力道十足。而除非你正視他、與他和解，否則他時不時出來讓你倒行逆施一番，你的一切努力前功盡棄。

「他」的存在，可能你的伴侶比你清楚，如果你有一個伴侶可以正視到你內在有個衝動又任性的小孩，而他又願意陪你將他找出來並且處理，這絕對是你要牽手一生的人。因為他可以看見你最深處的盲點，忍受你不自知時的幼稚，原諒你任性時的話語，收拾你衝動的爛攤子。很多人在找「靈魂伴侶」，靈魂伴侶不一定真的是你的另一半，但如果他是，你很幸運。

但在愛情的世界裡，你不能只要求幸運，你也要把相同的幸運給另一半。所以，協助你的伴侶找到他內在不安、受傷、困窘、受壓抑、愛搗蛋的那個「幼稚的自己」很重要，並陪他接納、化解。過程中，你們彼此都要用到耐心的功課，這是愛的一部分。沒有經過烈火的淬煉，靈魂伴侶就不能完成彼此的任務。你們要成為彼此的療癒師。

在療癒內在自己的過程裡，就是真愛無敵的具體展現。

◇不受教，先自助

從我自己的經驗看來，人是無法「被教」的，也不喜歡「被教」什麼。除非自己有心「學習」。

老師並不重要，自己的覺性與態度才是根本重點。肯學又遇明師，自然青出於藍，但即便是明師也無法把朽木變良材，覺知是自己的事，學習是自己的態度。

所有目前有點本事的人莫不是這樣培養出能力，那些處在不高不低的人如果願意開始改變態度，也能有生命的轉變。

學習是人最基本的天賦，當你善用，就會知道為自己負責任，不再當個「都是你害的」的受害者。當你領悟，就會謙卑，彎下身子好騰出空間納入更多值得學的和該學的。

沒有謙卑與自重，學習不會有態度。不能善用所學，就沒有為自己負責任，以致一生空過。

最好的老師不一定是人，而是自己生命的進程與過程的事件，能從生命事件中汲取智慧的，不止可以以自己為師，他人也能雨露均霑。

人，不能教，不能度，除非先自助。自助人助天助，只問態度。

如果你總是行屍走肉般地活在某種茫然的生活作息，陷溺在總是改變不了的某種習慣幾至上癮，問問自己眼下是否至少持續下列三個現象：沒有熱情、沒有目標、並不快樂？

回憶過去，自己有沒有對某件事情有著非完成不可的渴望，像是有著內燃機在胸中運轉，產生雄雄的動力促使你前進，累了也不會停，遇到困難更沒想過放棄？

那個時候的你有目標、有熱情、很快樂。

要改變現在的陷溺，重新找出那件事，給自己一個理由去完成它，你就改變了！

不要想太多！這個世界不需要你做出改變，但你的世界需要！生命有限，你沒有太多時間再繼續「想問題」！

◇上爬志，學做人

記得國中畢業重考那年，我桌面上有張書籤，上面寫著「藏有上爬志，豈無得運時？」用來勉勵當時的自己。雖然還是很不會讀書，都用功到別的地方去了，即便如此，老天還是按照祂的承諾，在我一生到目前為止的歲月裡，給了我許多的機會。

「上爬」有二層意義，一個是社會地位和生活水平的位置，另一個就是修養的層次。這二個並行不悖、互為表裡。因為社會是由人組成的，所以「會做人」重要，但人與人彼此也在事裡競爭，所以「會辦事」也很重要。可惜的是，往往會做人不一定會辦事，能辦事的不一定討人喜歡。我們常常看見一個會做人的好人把事給辦砸了，你還不好說他；也偶爾會遇上，待人態度讓你很不欣賞但工作能力一把罩的人。這二者都只說明了，人都能在用心處卓然有成，他們分別只是對事和對人的用心上不同。

人和事是分不開的。一個真正的能人，必是做人做事都能讓人肯定。但在被人肯定之前，你必須要先肯定你自己——前提當然是你有值得肯定之處。這就有賴自己的認真學習和努力精進了。

說到底，還是得活在當下，不好高騖遠。會有生不逢時感嘆的人，多半都沒有活在當下，不是高估了自己的才情，要不就妄想著時來運轉。才情得讓市場去估，自己能掌握的只有努力的程度；運氣那是老天的事，沒有厚德哪能載物？不厚積想薄發都不成。

但不管你有德無德、有能無能，人的一生不會只有一次機會，不管你問的是成功的機會或是愛情的機會。因為即便天時地利不配合，你自己這份「人和」總能自己決定——學著做人。會做人不是討好、奉承、阿諛，而是「懂人心」，善於做一個洞悉人心並且貼心的人，能夠設身處地換位思考的人。

人的心千變萬化豈是好懂的？其實也不難，人同此心。只要你懂「自己」要什麼，希望怎麼被對待，然後換位思考後「用適合對方的方式」去給對方。能如此，做人就不會有差池。中間的祕訣只有二字——真誠。

當你可以對自己的內心和感覺老老實實，然後用這一份老實去對人，或許你會遇上幾個讓你吃虧的人，但最後天必不愧於你。事是人做的，事好不好得看人辦，往往做人好，你遇上的事都不會太糟。或許一時讓人占了便宜，長遠來看，還是自己得益。

人的一生不會永遠在高點，也不會一直在低處，很少有人是一生從頭到尾都貧病交迫、窮困潦倒，多半都有一絲半縷改變的機會。機會出現以前，就是修身養性、韜光養晦的時候，這樣當機會來臨，你就有比別人多的可能性。

如果機會來了自己沒看出來，那是機會與你不相應；如果你錯過了，那是機會與你的緣分還沒到。如果你一切齊備，最後卻搞砸了，那命苦真的不能怨政府——「潛龍勿用」，再回去韜光養晦修練修練吧！吃苦的好處和用意，最重要的就是讓人回歸自己的內心，進入那一份平靜，學習那一份感恩，然後帶著一點點的教訓再出發。

如果總是高高又低低，樓起又樓塌，不要老怨運氣不好。老天也曾給上爬的運氣，多半是自己某部分沒做好、沒學乖，之前受的苦不夠深。一分志得就忘了形，一分意滿就忘了痛。爬上高檯端架子可得站得穩，不然一跌下，可能就不得翻身。所有想要追求卓越人生的朋友不可不慎，戒之在傲。

延伸筆記

開生路

人生活一遭難得，能夠做大就不要做小，能夠賺多就不要賺少，能夠過得好就別讓自己過得糟。讓生命壯大，這不是貪婪，是態度，是責任，是你對生命熱愛的展現。

特別是你體認到自己肩膀上的責任時，特別是你遭遇人生困境深陷險灘時，特別是你處在冰天雪地的蔑視奚落中時。

沒有腳的鳥只能一直飛，沒有傘你只能在雨中飛奔。貧窮的人沒有資格懶散。你不能喪志，只能激勵你自己。因為別人不會激勵你，他們巴不得你掉下去。

上一代給你的那叫背景，自己拚出來的才叫本事。有背景有本事的成功不算奇蹟，沒背景沒本事的一生平庸是當然，有背景沒本事早晚坐吃山空，沒背景有本事的才能教人傳頌。

陷落的人沒有資格抱怨。

後退已經無路，前方又是荊棘，你，只能咬牙拚下去開出一條血路，讓死路變成生路！

◇你要改變什麼？

很多人每天談「改變」。改什麼？怎麼變？又要變掉哪些？

外貌？收入？車子、房子？還是伴侶？

以上可能都是，也可能都不是。你有沒有想過，你第一次想要「改變」是什麼時候？有可能是你遭遇了某種壓抑，或是受到某種不平的對待，甚至可能只是你生出了某些欲望。

其實都不是。一個人會想改變，始於開始知道「自己」。因為有了自己，才有主觀的一切，對外在也才會開始有主觀意識上的壓抑、不平、欲望的產生，因此才能「從自己發出我想改變」的想法。

很多人知道「改變」要從自己做起，但他們沒有意識到「改變」要從哪裡做起。於是乎一堆人成天為了想改變收入，「對外」兼差、「對外」努力；為了改變環境，「對外」制定制度、「對外」施力；為了改變外貌，「對外」找美容整形、「對外」

追逐時尚衣著。

這些都是改變，但你很快會發現，這些改變都不持久，甚至有點像是隔靴搔癢一樣，徒勞無功、不在點上。你慢慢地會「再次」逐漸厭倦，於是迴圈開始，你又想來一次「改變」。這樣的「改變」既費力又短暫，是一種緣木求魚、倒果為因的改變法，完全沒有觸及到最真實、最深切的改變核心。

譬如你想要的是「成功」。如果你開始「複製」成功人士的一切，你可能會讓外人真的覺得你成功，但只有你自己知道，自己只是個虛浮的空殼子。因為你成功的本質並非由內發出，這樣外在的表象，很快就會在時間的推移之下褪色；比表象更快褪色的，是你自己對自己的批判。

於是聰明的你知道，除非你從你這個人內在的本質改變，否則成功也只是曇花一現。這時候你開始把眼睛由外轉向內在。

對「成功」的追逐是一個很好的修練過程，對許多人來說，在成功的路上遭遇讓人挫折的風霜雨雪，是開始走向內在靈修的過程。但請切記，不要矯枉過正，千萬別因此就目空一切，否定人間的成就，否則，靈修就成為你逃避責任、遁逃夢想的舒適圈，那是和靈修完全相反的目的。

事實上，如果你有一個追求財務上的改變並盡力獲得成功的目標，這有可能是最具靈性修練意義的過程。靈修的價值不在於改變你，靈修的價值在於幫助你發現內在最真實的自己。當你開始上路，每走一步，你都會越來越發現全新的自己；也因為你的框架被打破，你開始用全新的視角看世間，新鮮感讓你像個孩子一般地快樂。於是乎你發現，你不是「舊的」而是「全新的」，當然也不需要改變什麼。

於是什麼都沒變，但看明白一切的你，快樂了。也因為你的快樂，你只能投射快樂出去，然後你讓周圍的人都快樂了；當周圍的人快樂，他們會快樂地回應你，讓你左右逢源，得人如得魚一樣。

這就是得道多助的祕密。這就是無為的祕密。

你對外什麼都不需要做，你只需要讓自己的意識狀態處於快樂。改變這個意識狀態有很多方式，藥物、酒精、毒品、性都可以做到，但效用和深淺都很短暫；催眠是較為無害的一種，但需要的費用不低。如果你可以自我催眠，就能省不少錢。

最棒的改變意識的自我催眠就是「相信」。從扭轉自己的信念開始。用複誦、默念、觀想、靜心呼吸都可以。只要你成功地讓你自己改變意識，扭轉信念系統，任何對外的改變都將易如反掌。

因為世界以你為中心，你的心即是宇宙，你的心扭轉，你的世界扭轉。一切就是這麼簡單。

◇平實落地，我又再起

我頭一次知道這家店，是表妹帶我來的。就在她家附近，和平西路、延平南路交會處。這一帶的巷弄安安靜靜，透著濃濃軍公教人員的樸實端莊，就連路邊的小貓也顯得溫厚。

姑丈是軍人，官拜少將，雖是姻親，卻是我們家族裡官做最大的。小時候要去姑姑家是最開心的，因為位在風景怡人的北投，四層樓的公寓，上了蠟的磨石子地板，簡單的居家裝飾就是我心目中的豪宅。那個時候我的家其實是倉庫，「客廳」地板就是泥巴地，我在客廳就可以玩挖土堆的遊戲。

童年時的艱苦其實是不明白的，往往是在比較後才知道自卑。我頭腦普通，讀書不行，很早便投入社會跟人家搶出人頭地的風頭，只為了掃除貧窮、學歷低、出身差的自卑。我很努力，正行上我打拚，偶爾也鑽空子幹點能賺錢卻不太入流的勾當。為生存，沒辦法，那時只能這麼說服自己。

我差點去混幫派，但很清楚最後的結果，於是當了俗辣，乖乖走正行。我從不需要學歷的推銷員開始做起。反正推銷員跟老闆沒在看學歷，很多老闆也是推銷員出身的。

我的運氣其實算不錯，業績很少掛蛋，但年紀到底是輕，心高氣傲好高騖遠，腳步都還沒踏穩就想著當老闆，沒多久就嘗到失敗的下場。後來接觸了傳直銷，又在裡頭打滾了不短的日子。傳直銷這行的人就像是在冰山裡開營火趴，只有自己人熱絡，外頭可是冰天雪地，對他們打心底真正佩服、看得起的人有限。

那是一段在人性上、生意上、心靈上的煎熬中吃苦打磨的歲月。磨練把我拋光，挫折讓我圓滑，被恥笑、被嘲諷、被奚落、被趕走、被拒絕，都是每天要面對的家常便飯。就這麼痛並快樂著，為我打造出與我原本性格迥然相異的正面積極、不怕死的衝勁。因為後面沒路了，過河卒子只能向前，沒有雙腳的飛鳥不能停……

我這輩子從來沒有那麼拚命地用全心全命做一件事情，只為了出人頭地。就算外面的人看不上這行，起碼我能為我自己拚出點成績。那個時候，姑丈已經搬家來延平南路，我來姑丈家附近拜訪一個下線的家人，結果被潑水趕出來，那個下線從此再沒出現過。

組織網幾起幾落，又經公司改組，我已經找不到當年拚命的理由，我逐漸淡出，又回到傳統作推銷員。但是時不我予，現實和理想相距甚遠，遠超過我的能力，收入和負債之間的拉距不斷擴大。事業已經窮途，工作上又不見起色，家庭裡的狀況紛爭不斷，我在親情的矛盾中掙扎著。在最後一根稻草之下，我崩潰了……

謝謝那根稻草，謝謝那次的崩潰。後來的我又被救起，救我的是神，代價是一生懸命的為人服務。我終於不再叛逆，選擇臣服，接受屬於自己的天賦和天命，不再汲汲於他人的目光和掌聲。平實落地的結果是，我又再起……

走在延平南路，往事悄悄地勾起，不管這地有過你多少記憶，能夠舊地重遊，一切都已經沒有意義。因為事已過，人還在。我將再起！

毛毛蟲變蝴蝶的過程，我才走到一半而已。

很多人不知道，我內在裡頭一直有個內向害羞自卑的小男孩。那是一個童年被壓抑的沉疴，現在雖然已經成人，那個內向害羞自卑的小男孩時不時仍會出現，伴隨著他的好友「恐懼」向我襲來。

當他出現，我會想要躲起來，我會顯得消極、負面、受害，不想見人，不想說話，一整個呈現自閉的症狀。是的！這就是我內在那個孩子呈現的狀態。

沒有人知道我花了多少力氣和他溝通，撫平他的傷痛。我必須自己來，因為已經無庸再去追悔過往的傷害。我只能靠自己和老天一點一點地把傷口癒合。蒙神眷顧！這男孩的轉變讓我吃驚。

我必須很誠實地告訴你，我是平凡人，通靈不會讓我變神。我也有和很多人一樣的痛苦與挫折，傷害與不堪。這些遭遇都有原因和意義，神的眷顧不會使功課輕省，我照樣得千辛萬苦掙扎著破繭而出。

心靈老師是別人叫的。我只當自己是個生活裡的實修者、分享者，這樣我才能自在。「老師」要對教學效果負責評量，而我沒有能力與資格「評量」他人的靈性。所以不要對我有過度的投射和想像、臆測。與其花時間在這些上面，不如多多觀照自己的心。你正在寫你自己的生命歷史，編纂你的靈魂密碼，這些都和我無關。我充其量只能搭把手，寫寫字、講講話。能有這樣的因緣已經足夠，足夠會心一笑後各自啟程。然後我們會在橋的另一端相遇。

心量有多廣，江湖就有多大，我們與其相濡以沫，不如相忘江湖。

◇生命教我的事

青少年時期，約莫是在十五歲前後，有兩本書我愛不釋手，反覆閱讀。一本是盛田昭夫在六〇年代所寫的《學歷無用論》，另一本就是勇敢拒絕大學聯考的吳祥輝所寫的《拒絕聯考的小子》。

這兩本書，一個是詮釋工作能力和學習能力強過學歷的重要性，另一個則給了我對於威權體制衝撞的勇氣。我不是天生叛逆，如果我叛逆，家庭因素占一半，這兩本書則推波助瀾。我從來不知道我這一生被這兩本書影響如此之鉅，直到我回溯過往所走的道路，我發現自己根本就是此二位作者的忠實信徒，但又是個不長進的傢伙。

忠實的信徒指的是，我毫不懷疑工作與學習的能力其重要性大過學歷；不長進是指，我的叛逆用的不是聰明才智，用的是拳頭、嘶吼、衝撞和武力。我不屬於智慧型壞小孩，如果真的去當兄弟，我應該是一身愚勇、挺身當砲灰的那個。

剛剛開車經過南港高工，我想著當年，我國中畢業時放棄高中聯招，「自暴自棄」地開始準備考高職。當時的南港高工分數不低，是有心報考高職者心中的好學校，可惜我不是一個好學生，至少當時不是。在我決定不參加高中聯招的考試時，我幾乎就被判定是「檢角」的小孩，於是我更有理由可以在外遊蕩、夜不歸營、打架、抽菸……只是心中知道自己不是幹兄弟的料，這樣下去不是辦法。

以我的程度當然考不上南港高工，能有個私立高職念念就不錯了。私立高職除了幾個很看重校風、校譽的學校，其他的幾乎是：只要你肯去考試就可以入學。很自然地，我也混到個學校念。因為認定了要自力更生，於是只選夜間部，白天開始上班工作。當時台灣股票上萬點，很多人出手闊綽，想賺快錢，業務員是沒條件者最佳的選擇。還在夜間部就讀的我，穿上西裝雖顯稚嫩，卻也扎實地經歷過「日式魔鬼業務員特訓」，而成為一名道地的推銷員。

做推銷員讓我很快樂，因為我可以穿上體面的西裝，人家看我不會像是「七逃仔」，學來的銷售話術讓訂單和鈔票落袋，也給當時內在空虛、前途渺渺的我一點安心踏實。不算笨的我很快學會察言觀色，還知道投其所好的說出對方想聽的話。

才高職夜間部二年級，不滿二十歲的我，已經是業務單位裡的小主管，底下還有一名小跟班。也從那時起，我開始接觸「社會事」，在業務圈裡有業務圈的政治學，不是人家「弄」你，就是你得「弄」人。我變得不單純、勢利、刁鑽、難相處，特別是遇到利益衝突時。本來我的本性是可以不看重利益、看情義的，但那環境常把人的情義當狗屁，變成別人利用的工具。情義輸給利益幾次以後，我也學會一身不講情義的功夫。

我失去了我的本心、本性、靈魂……

我是有賺到錢，但是我不快樂；我不快樂，就用花錢來買快樂，但是越買越空虛。還沒入伍，我已經變成了業務老鳥，業務政治已經身經百戰，社會黑暗事已經看太多也參與不少。不用說，我當時不只不快樂，我簡直不知道自己活著為了什麼？我想逃，可是能逃到哪裡？在踏出社會後，我第一次有了自殺的念頭，之前會有這念頭，則是因為父親的關係。

靈性？那時的我哪有什麼靈性？我想賺錢是因為生活需要錢，但我很清楚，錢不能讓我得到快樂。我想找解脫，似乎沒有方法。我嘗試著在宗教裡找答案，於是我開始涉獵佛教的經典，當時對我來說只是一些不切實際的打高空：「跨謀（看不懂）！」帶著一身的疲憊，滿腹對人生的疑問，我入伍去了！

退伍後的事，我的第一本書《老神再在》裡都有約略的提到，然後就一路至今。這中間起起落落，跌跌撞撞，倍極艱辛，性命垂危。晃眼退伍超過二十年了，我還活著！說因緣際會也好，說莫名其妙也罷，我成了一名書籍的作者，被一本自己寫的「神話」救了起來。跟我不熟的，會稱呼我老師，因為我寫了三本書，教了一些課。但不論我教什麼，永遠不會有「生命」本身教給我的多；不論我最後終於體悟的愛有多少，不會有神給你我的愛多。

我的神，是每個人心中的心神。

我的愛，是有人性的實際的愛。

我的臉，是從良的魔鬼的樣貌。

我的心，只想要人間平靜安好。

水瓶座的我一直都是嚮往自由不羈，也或許只有這樣骨子裡自由不羈，才能在身受這二元世間浮沉之後，帶給你一些心靈自由的方向。

我知道我樣貌不討喜，很容易讓人嚇到，但如果你願意給我多一些時間，你會發現我的好。至於你喜不喜歡我的好，那不干我的事。就像風，你喜歡很好；你不喜歡，我還是自由不羈的為你帶來遠方的氣味，裡面或許藏著覺醒的契機。

當年，盛田昭夫和吳祥輝的作品徹頭徹尾改造了我，讓我擁有自由揮灑的生命，我的靈魂也在當中承擔焠煉。現在回想，何其精采！而今，我也用生命寫下著作影響他人。生命當中的美好，不該是這樣的傳承嗎？要是有任何一人的生命因為我的書而翻轉、而精采，我此生的任務已經可以了結，圓滿無憾！

延伸筆記

生命是一場賭局

不要說你不賭博，誰來到這世間都參加了一場生命的牌局。賭的原因是：你不知道路會通往哪裡去。

歲月是你的籌碼，智慧和經驗是你的牌面。如果你還能認識內在的神性，你會增加很多勝算。

一開始你可能拿到一手不好的牌，也可能不喜歡這場牌局。但你不必喜歡，你的責任是認真地走下去，完成這場遊戲，最後不論輸贏，總有光明。

◇人生使用手冊

我們光溜溜來到世界，沒有帶著說明書，所有人都在「尋找」。一開始基於活下去的本能，你會尋找食物，然後接下來的事就有意思了。

你會全然打開自己的感官去面對環境、觀察環境，最後適應環境。當你適應得夠深，你會以為「這就是人生」，你會以為「我找到人生的使用說明書」了。但其實當你自以為是、志得意滿時，你正在失去它。

在你一切順遂的時候，一個冷不防的打擊，可能是疾病或意外、可能是失戀或死別，你開始意識到：「我之前在幹嘛？」、「我怎麼在這裡？」、「我在這裡做什麼？」、「我到底是誰？」……

一連串的問題，開啟你往內心世界探索的道路。恭喜你！你正在「創造與發現」你的人生使用手冊。於此同時，你原來適應得很成功的環境正在崩解中。你一方面高興，終於將有一個前所未有的靈魂探索；另一方面，你得要處理許多舊世界的殘渣——過去你珍視的那些價值已經銳減，但仍然不是一無是處。你處在「食之無味、棄之可惜」的矛盾狀態。遊魂般地行屍走肉，儘管可能光鮮亮麗，還是掩蓋不了內心的千瘡百孔。

此刻的你站在一個分水嶺，你對舊世界的一切執念和欲求，形成重重的考驗。嘗到靈性甜頭的你，一方面對舊世界感到鄙夷，認為自己內在已經決然超凡，但偏偏身體還是人身，尚不能脫離執念和欲望。只是你也不再渴求來自外在的滿足，所有物質世界的事，都使你感到俗不可耐，你走到哪裡，都會有深深的疏離感、孤獨感。

你感覺不到自我的接納，也無法被外界接納。這和自信或自我評價有關。接下來的行動方向，會決定「真實自信心」的有無。

如果你不愛這疏離感，你很可能就再度的與世界連結。你會記得神祕經驗的狂喜帶來的震撼，但隨著你「接回」世界，這樣的經驗次數會遞減，時間會縮短。你很可能帶著這種經驗，自己標榜自己正走在與眾不同的靈性道路上，但卻陷入世間欲望更深。你內心知道自己表裡不一，卻身不由己。你已經被矛盾捆綁。

如果你不批判自己對環境的疏離感，你不用特立獨行、標新立異、到處尋尋覓覓，你會熱愛每個當下，包括對環境感到疏離，或是因環境而遺世獨立。你會樂於獨處，做你自己。當然，當周圍出現別人，你也可以笑談自若，並且真心交流。

因為你不批判自己，才是你真正地愛自己。因為這份對自己的愛，你看見了老天宇宙的大愛。然後靈性真正對你開啟大門歡迎你。

批判和反省不同。批判的後續是對自己內心的鞭打，反省只是溫和的修正。人人內在都有靈明覺性，只有很少人需要用不停的批判自己、鞭打自我來進步。你的靈魂很柔軟，祂適合也值得你溫柔地對待。

對祂溫柔，但不放縱。在中道之中收放自如，這樣你就能在靈性和世間保持平衡，既能不踰矩地享有世間你本當所有的一切，也能游刃有餘地進出靈性世界。

這樣的人是尊貴而稀有的。他如如不動卻吸引萬千，他靜默不語卻洞悉萬千，他的言行一切依心不依人。這樣的人會有慧眼找到另一個，然後他們注定在關係中看不見別人，只有彼此。他們幫助彼此，也澤被眾人。

他已經成功地為自己創造了一本專屬的人生使用手冊。

2 打開心中的太平山莊

你的氣量變大，
靈命空間就變大，靈命資糧就增加。

◇真空，才能創造

你有沒有發現，在人的各種多面性裡，有一種東西是不會變的，那就是「氣質」。「氣質」是一種由內而外散發出來的味道，它超越了基因的影響。即便一對雙胞胎也不能擁有相同的氣質。

從職業面來看，工人有工人的氣質，讀書人就呈現一股書卷氣，被知識所障的老學究就有一股酸腐。工人去扮讀書人會給人格格不入的感覺，所以有時候我們會聽人說「你不像是做這行的」或「你看來不像……」。究竟是不同的職業造就不同的氣質，還是不同的氣質的人會自動「選擇」或「導向」不同的職業或人生方向？

一般人以為是前者，其實是後者。一個人不管清不清楚自己的氣質為何，都深受其影響。這個氣質一半來自靈魂本質，一半來自後天環境，這兩個氣質成因會在生命中的不同階段顯現。所以有些人從小會感覺「自己和家人很不一樣」；有些人會在迎合他人中度過半生了，最後終於選擇回歸本質「出櫃」。

有些人能夠突破原生環境走出一條完全不同的道路，有些人出身低微卻能夠引領時代潮流，有些人則能在既有的基礎上更上層樓。這些都跟「命運」無關，而是「氣質」，你也可以把它稱之為「內在本質」。也就是：一個人無論如何都一定會深受影響，就像是「注定」般的內在設定。

「本質」、「氣質」就是「本來的你」、「本來面目」，就是那個在世間任何力量任何險阻都撼動不了攔阻不了你「鮭魚返家」的設定，不管你知不知道它。

所以「什麼本質的人做什麼工作，選擇怎樣的伴侶，居住怎樣的環境」。你讓一個內在本質是窮困受苦的人住豪宅坐名車，他自己都覺得不合不搭，好日子也過不久，因為「德不配位」。一樣地，一個生來帶有改革氣質的人，生在最壓抑的年代就會出頭，越壓抑他越強大，因為他的生命本質就是跟「壓抑」相應。一個帶有創造財富本質的人，就算被放逐到窮鄉僻壤，一樣可以創造財富，因為他內在的創意和生命的目的都是針對創造財富。

我們將「後天已發生並且不可逆的事情」歸諸「注定」或「命運」，甚至希望預先得知命運的祕密，看看有什麼是注定會發生，要怎麼可以趨吉避凶。事實上人們不需要去認識這些，反而需要深入認識自己。只要清楚自己的本質，就會明白自己適合的道路。

有時候你不清楚自己的本質也不要緊，因為「本質」會用不說話的力量「勾引」你朝著合適的道路前進，所以你才會常有一些直覺要「改變」，不論那是改變伴侶關係或是改變職業，或甚至是生命中重大的決定。當然，「改變」一定帶來「結果」，至於「結果」的好壞，也和你的本質為何相應。「本質」既是不可違逆，面對壞的結果只能「接受」，因為那就是注定你該受的，然後在「接受」中擴大自己的心量胸襟。

前面說「本質不可違逆」，但有一個可能性扭轉，那就是「面對、接受、承擔」的「大願」。這樣不顧一切「豁出去」的大願，能夠扭轉和原來本質相應的道途，於是扭轉命運。但這必須要當事人已然認識其內在本質，並且有豁出去改變的意願。芸芸眾生之所以一生平淡平凡，不是不具備那個改變的潛力，而是不認識自己的本來面目，或是被恐懼障蔽了前途。

世間只是幻象，一個生命的舞台，本來皆空，萬事萬物都只是一股短暫的「現象」。甚至你的本質對比於宇宙萬物也是「空」，因而是一不是二。佛家說的「空性」並沒有錯，而世間不過就是這份「真實的空」——「真空」生出的「妙有」。若是祂「不空」，又如何能有這些妙有的展現？又如何能有揮灑的空間？

認識了這份內在本質的「空」，你就能體現「真」為何物。更能踏實地過日子，真心地付出與讚美，沒有狡詐，沒有詭計，更安分地去按照生命藍圖，行走屬於自己的生命道途。

「真空」就是吸引力，吸引生命中真正屬於你的一切出現。物理上這個道理也適用，下次你打開真空包裝袋，聽見空氣流動「吱」的聲音，你就知道這份吸引力是真實的。要是這道理在低階的物質層面都被證實而且顛撲不破，那用在誰身上都會有效。

「真」、「空」就是吸引力，「吸引」你要的創造力，「創造」你渴望的豐盛奇蹟！

◇真善美過生活

「如果，上帝明確地告訴你，你的壽命只剩下一個月，你可以有三個願望，祂一定會讓你實現，請問是哪三個？」

當然，這是一個引導你去思考人生的遊戲，這遊戲當時讓我苦惱不已。對一個當時從事業務，在激烈競爭中只想賺錢求生的人，這個問題太殘酷也太讓人懊惱。儘管如此，你最後的答案往往不脫「愛」、「家人」、「關係」，平日最讓你揪心的「錢」卻不在名單之中。

在被明確告知生命的盡頭後，錢變成了身外之物。但在那一天到來之前，我們憂心著錢不夠、活不好，如果錢是活得好的關鍵之一，我們能不執著金錢嗎？問題就在於你永遠不知道無常跟明天哪一個先來，萬一無常先到，而我們在那之前只是努力地賺錢，好維持這個臭皮囊所需要的一切，離開的靈魂帶走了什麼？

「人若賺得全世界，卻賠上自己的生命，有什麼益處嗎？」《聖經》的教導是這樣崇高，卻看似難以做到！是啊！當時我曾想過，我生命中真正要的是什麼嗎？當時物質缺乏的我，儘管連「窮到只剩下錢」的邊緣都沒沾到，也會想要擁有「值得」的生命啊！而神告訴我，這樣的生命是與金錢無關的。「許多人用生命在賺錢，而不是經營一個值得擁有的生命。」當我聽見這句話時，我彷彿被電到一般地開始認真思考：「我想要一個怎樣的生命？」我領悟到，一個真正的人生是「生活」的人生而非「生存」。差別就在於：「生存」為的是肉體的存續與責任的承擔，「生活」則是一切與內在相關的品味與覺察。

怎樣的「生活」才是「值得」的？活了近半輩子，我的答案跟很多年輕人不一樣。首先，一定要有「真實」，沒有人喜歡活在被欺騙的謊言裡，那麼就先讓自己做個貨真價實的人，讓說的、做的都是由心發出，讓投射出去和吸引而來的都是「真實」。儘管有時候真相不那麼好看，也好過虛偽。

第二個是「善良」，這名詞不必解釋，但很多人在這當中有矛盾，尤其是當「善良」和「利益」衝突時，選擇利益違背善良，選擇善良又怕被當濫好人。損失利益只是一時的小事，錢可以再賺，被凹、被占便宜卻可以記上好一段日子。

許多人從事公益活動，充滿大愛，卻在生活或職場上不願被占便宜，偶爾吃個小虧就記恨碎念。這樣的善是真善嗎？真正的善是從自己做起，做給自己，不是對外的。如果總是在意外界看你是否良善而偽裝出一個樣子，久了也會很累的。「偽裝」良善當然可以，那是一個讓自己可以逐漸「習慣良善」而走向「真良善」的過程，由偽至真，關鍵就在於「心」是否受用受教。

有一個檢驗的標準很受用，那就是「氣量」。所有來自於外的「吃虧」、「挫折」、「打擊」、「刻薄」、「欺負」，都是生命在用人間的戲碼教導我們「加大氣量」的功課。能夠涵納所有的是與非、善與非善、痛苦與挫折、利益和損失，就像是神的包容一般，才稍稍有點「良善」的根基。

不都說神是良善的嗎？這一份良善來自於祂的「真包容」，只是這社會似乎教的是「真計較」，然後表面當個君子。有人說「偽君子」偽到死還是君子，如果這樣的解釋你也不認同，那我想神會更清楚。「偽」即「不真」，如果由內而外發出的才是「真」，那麼「偽君子」只是外殼，死了之後也只剩下「偽靈魂」了。如果生命追求「真」是第一要務，那麼「真小人」要比「偽君子」更能在神面前為自己辯護。

小時候爺爺常說：「吃虧就是占便宜。」這句辭意很淺、寓意很深的話，直到現在人到中年才稍稍明白。吃的是眼前的小虧，占的是「生命」的便宜。因為一旦你的氣量變大，你的靈命空間就變大，靈命資糧就增加，你在生命中就算是富裕，還有什麼是你不能如神一般包容悅納？如果說神富有宇宙的豐盛，你不會否認吧？

最後一個生活的是關鍵是「美」。這裡講的不是「美」的景色或是「美」的居所，更不是「美」的身體外表。真正的「美」是心中有「真」與「善」，也就是前面所述的二者。「真與善」會形成一個人的內在氣質，這份氣質無可複製，力量也無可撼動。它讓你成為你之所「是」，它讓你照亮生命的前途，化解愁苦與困頓。

所有的一切生命的愁苦悲哀，在「真與善」之前，都會漸漸退去。換句話說，你只要能夠許下「真與善」的「大願」，你的人生自然天賦道途出現，貴人自顯，好運不斷。縱使有時遭逢挫折，也會變成你生命的資糧，反而助你更旺。

「愛」是普世共有的價值，而「愛」即是「真善美」之集成。可以說「有真即大善」，「有真善即大美」，「有真善美即大愛」。一個人不論說得怎樣，他活出來的才是他的內在本質。

「真實」被擺在第一位，可見是重要的基礎，古代道家修練有成之人稱為「真人」，即「在人的真實基礎上修練出宇宙真性的人」。真實的人在這社會可能白目，可能少一根筋，甚至有時候看來不太諳人情世故，但是可愛。給真實的人心多一些的掌聲，因為這個虛假的社會多一些這樣的人可以有美妙的平衡。

如果你到神前或佛像前許願，除了感恩，你可以說「我願做一個真善美的人」。這比求什麼都要有效果，因為人生的一切美好都在其中，那是「生活」。

現在，不管日子窮或富、悲或喜，我都願意處在每個當下，細細品嘗生命「真善美」的滋味，那是天地的恩賜，生命的禮讚！人生因此有了真正的價值。

現在，當人們問我：「你是做什麼的？」我都會回答：「過生活。」

延伸筆記

歸零

書籍是記錄智慧的文字，但智慧不在書裡。

課程是講述智慧的知識，但智慧不在課裡。

大師是活出智慧的方式，但大師不是智慧。

要想改變，先試試自己的真心吧！

重新把所有你以為有的當作沒有、是的當作不是、知道的當作不知道、會的當作不會，全然歸零；把自己的世界翻個轉兒，你很快就會發現全新的生活風貌。

你可能會很不習慣。但不要緊，起碼你會知道自己求改變的心有多強多真。

◇學吃虧，以免人生有愧

過去一百年來的人，日子似乎都過得快些。當胡適對著他娘喊：「老子都不老子了！」了不起也才七八歲，表現得卻像個青春叛逆的少年，這青春期比起現在是來早了。難怪那時的人們十五六歲就婚嫁，二十幾歲已經成了孩子口中的老爹。

當時的一些塾生十五六歲就出國留洋，二十啷噹就「載譽歸國」被封為某某領域的專家翹楚。文學家林語堂二十六歲就獲得了哈佛大學比較文學碩士學位，二十七歲拿德國萊比錫大學語言學博士，二十八歲就成了北大英語系主任，一生翻譯與著作等身，還發明許多東西，堪稱一代奇材。時逢亂世，國材奇缺，但凡喝過洋墨水的，一律被新政府編織入列成為新國家的棟樑。蔡元培年方三十三就已經被孫文指派為教育部長，我三十六歲還是個魯蛇。

當時類似的個案有許多，像是胡適、于右任、錢鍾書等，都是年紀輕輕就在學習方面異於常人，又在青年時期就能有大用，孫文一下子有這麼多青年才俊輔佐革命，新政府能不成功嗎？這會兒我都已經進入壯年了，卻連未來的一片門板都沒尋到。不怪當時是亂世，要怪現在的社會繁榮昇平，不夠讓我們引起國仇家恨的悲壯情懷，好化悲憤為力量的去苦讀、去風霜歷練、去目標明確。

比起活在亂世中的他們，我們像是成天只會享樂與叫苦的溫室小花，換在當年，八成連一頓飯都熬不下去，別說引頸就戮的悲壯情操了。林覺民在〈與妻訣別書〉裡就形容那個時期：「遍地腥羶，滿街狼犬，稱心快意，幾家能夠？」

新年想要新希望，新目標卻還找不到力量嗎？如果你看不到現在「依然」遍地腥羶，「仍舊」滿街狼犬，只能說你眼界太小，卻不能說你自私。因為現在的社會也「只有幾家」能夠稱心快意，更多「家」都快意不起來。哪怕你一個月領五萬塊這不算少的薪水，在台北市你付了房租車貸還是沒有生活的品質。寫這篇是想給自己和年輕人一些激勵，看看前人怎樣為環境和自己拚搏？別老怪環境與時機。

曾經有一個業務員，很害怕被拒絕而裹足不前，直到主管跟他說：「你看現在社會上，做官、做老闆的都那麼不要臉，你在社會上太要臉面，怎麼做大事？樹沒有皮必死無疑，人不要臉天下無敵！」這業務員後來就出類拔萃了。

你以為過去有亂世，所以出奇才？不！現在還是亂世，亂法不同而已。但要不要成為奇才，是你自己可以用努力方式決定的。我相信環境會影響人的命，不過這個相信偏消極；我更相信的是，我能超越環境，改變自己的命！年輕，有的是吃苦和重來的本錢。

如果可以成為那個理想的自己，吃點苦你願意嗎？一生總有該吃的苦該受的罪，現在不吃苦等以後？人生的苦頭也是會加利息的，而且老天是天涯海角都追得到，賴都賴不掉。聰明的寧可早點吃苦、學著吃虧，以免人生有愧。

延伸筆記

機會的智慧

花開有時，花謝有時。人的一生，不會永遠飛黃騰達，也不會永遠窮困潦倒。無論命運是天定或是自創，總有機會給你。機會未到時，韜光養晦守心待時，機會來時才能一鳴驚人。怕的是機會來時相對不識，或者平日怠惰苟且，那麼再多的機會也禁不起浪費糟蹋，機會自己會去找能把握它的人。

不要道聽塗説就貿然投入你不明白的遊戲裡，在你明白遊戲規則以前，你都該慎之又慎，明白之後，則要如履薄冰。天底下沒有容易賺的錢或好搞的事業，渴望不勞而獲或是少勞多獲，都是不切實際的幻想，徒增煩惱。沒有吃苦幾年的覺悟，就不要碰扎手的事。

吃虧就是占便宜，不管是任何面向的虧，吃得起才學會人間豐饒的智慧，才會真正的進步。要有吃得起虧的本事與氣量，也要有明白吃虧原因的智慧。吃虧一次當布施，吃虧兩次當大意，吃虧三次若不是故意，就是自己不長眼、不長進，後面的吃虧可占不到便宜。

不一定是失之東隅收之桑榆，準備好了卻錯失機會，就表示這原本就不是屬於你的，一定要學會在得不到和捨不得中使自己寬慰。自責或警惕自己或許可以，卻也不能保證下回不會出錯，人生得失有命，盡力就好，其他都是老天的事。

你曾見到有人平地起高樓，也曾見到高樓又塌了。你是否看見起高樓的原因，又是否知道樓塌了的緣起？人生的確無常，但是公平！只要你明白「因果」……

◇人性股票的投資心法

股市每天都有漲跌，有時小量盤整，有時多空激戰。在漲跌間比的是鈔票，在輸贏間看的是人性。股市大概是人世間除了選舉以外，最直接反應集體意志的場域。凡是能影響群眾的事，小到立法院通過某個法案，大到全球油價下跌，甚至民生食安乃至官員的一句話，都能夠左右股市的升降。

「手上有股票，心中沒股價」的境界並不容易。人畢竟是貪財執著的，真正在股市裡的人，心中很難沒有貪念，於是，追高殺低的戲碼，就算老手已經交待千萬遍，還總是有人玩不膩。除非你口袋夠深，要主導股市的漲跌幾乎是不可能的任務，主導的人要的是主控權，不能主導的就跟隨吧！跟隨的不一定是散戶，能審時度勢綜觀全局的跟隨者，就能準確地判斷後市的走向。輸贏點往往就在這一點「眉角」。

股市規則是人定的，是人在買賣，玩的是人性。能看透自己的本性，同理投射出去，就可以抓住集體意志的來去走向，你需要的只是對自己有老實的覺察和一點點與經濟有關的知識，然後繳點學費，就能置身在高高低低的股市浪濤中。至於是浮沉其中還是徜徉其中，就看你看不看得開了。

太執著的人不適合做股市投資人，偏偏會投入股市的又都有比常人更深的執著，不是執著於金錢的來去，要不就是執著於分析的角度。股市老手都知道，這行沒有專家，只有贏家跟輸家。誰都當過輸家，只要輸得起、不放棄，認真研究做功課，隨著年紀與經驗的增加，還是有當贏家的可能。要是還能抓住贏的脈動，自然就變專家了。那些在第四台講得口沫橫飛的「ＸＸ總」不知道贏過幾回？真有能贏的把握就自己操作了，斷無公開之理。於是你會在盤後看見一堆「分析」、「評論」的事後諸葛文出現，總是能夠為當天與過去的盤勢說出一番原因道理，而說未來準確的有限。只是儘管說不準，時候到了，他們也總是有自圓其說的一套。這跟很多人拿身心靈書籍裡的一些觀念誤用扭曲來為自己的行為自圓其說很像。

跟買樂透不一樣，樂透是純看運氣，一翻兩瞪眼。但想解決經濟問題不能老靠運氣，得做功課，而且得老實做功課，不能老是自圓其說。股市你憑著研究線圖盤勢和國內外經濟局勢，還有著比樂透更高的勝算；投資在樂透美其名是公益，其實是肉包子打狗，連搏個名都沒有。

想中頭彩的多過想捐錢的，可頭彩常常在重要節日前連續槓龜，這個部分大家不覺得奇怪？我只能說，賣彩券的銀行跟政府都不是省油的燈。就算是被騙吧，在股市裡被騙都好過買樂透，起碼我會學到一些東西。

股市是人性的試煉場，我很鼓勵從事靈性工作的人或者有在靈修的人，去操作股市等金融商品，你在其中會「毫無遮掩與密集」的看見自己在人性上的缺失。當然，你得具備「自我覺察」與「自我誠實」的特質。一個有這兩個特質的人，多半最後都會選擇到自己最適合的投資工具，不一定是股票。也多半最後都會有自己獲勝的投資心法，比「XX總」要強而有效多了。

我不是鼓勵投機，我只是覺察到：人類的經濟體制短期之內不可能消失，既然如此，你一定得有一個徹底解決自己經濟困境的方法。老一輩靠「開源節流」的方式不能說錯，但對百倍速的現代人來說，這方法趕不上物價的上揚也敵不過偏低的收入。在合理的欲望範圍內要維持一定的生活品質，唯一的出路就是靠「投資」，讓錢為你工作。

除非你住在石器時代，你無可避免地「必須」要成為一個經濟動物，不管你喜不喜歡。充分了解自己所處的經濟環境與相關的資訊，是現代人必須要做的事。以前，我總是對金融、經濟興趣缺缺，這讓我吃了不少苦頭。直到開始「投入研究」我才發現，這是「心性修練」的大道場。人，充滿瑕疵，就像股票每一支都有不同的「體質」，適合你的不一定適合我，對短線有利的股票不一定能長期持有。

我們的社會，自己有瑕疵卻總指責別人有瑕疵，這是因為，指出別人的就可以忽略自己的問題。我們自己不完美，卻想著要買到一支最完美的獲利股票，好像有了這支獲利保證股，自己一輩子的問題就都解決了。

沒有永遠的股王，政治上也沒有永遠的「救世主」。不要再搜尋股王明牌，不要再期望救世主，我們自己才是最重要的力量。我們都像崇拜宗教一樣，把內心投射的偉大力量無償給了出去，然後期待他們為我們展現奇蹟。

奇蹟，只有你自己！奇蹟，也只能靠你自己！抓住自己這顆心就會有奇蹟！

股票的買賣、輸贏其實都不干別人的事，政治誰上誰下也只是讓你爽幾天苦多久的事。臉書上每天有人加有人刪，這是他們和自己緣分的事。跟靈修很像，一切都只跟你自己的這顆心有關係。

外面，都是一場戲。

◇比較和嫉妒，沒什麼不好

靈性的觀念，說來說去總不脫那些，說久了自己都覺得像是口號般的不真實。除非你真的開始「下決心行動」，不然「靈性」永遠只是那個遙遠的救世主，跟你就是對不上頻率。

如果你不知道自己人生的「方向」或是「下一步」何去何從，你需要的不是到處求神問卜或是找老師諮商，而是開始學會別再「用頭腦創造出更多問題」，來當作「面對基本真實問題」的逃避——相信我，很多人根本就知道自己的問題是什麼，只是不想面對。因為他根本就知道，「解決的方式就是把眼下該做的事情做到最好」、「把面對眼下責任當作唯一要務」。

比方說「懶惰」。明明有著遠大的夢想和目標，卻就是提不起勁，早上不起床、白天不做事、晚上不睡覺。懶散久了，連夢想也變模糊了，還以為自己找不到天命或是被什麼障蔽、被什麼卡到了……的確是被障蔽、被卡到了，只是來源不在外面，在自己。

問那個自己最真的心，真不知道嗎？知道！只是不想面對，又要給自己一個不想面對的理由，於是最好的方式莫過於：「因為我還有什麼問題沒解決、因為我如何如何，所以……」這種自欺欺人的方式，或許連諮商老師都可以騙過去，卻騙不過自己，早晚自己要嘗那果實。一個人最好對自己老老實實，誰都能騙一輩子，只有對自己，連一刻都欺瞞不了。

另外就是「比較計較」。靈性知識教你「不要比較」，像是要你執行一個不可能的任務。活在二元世界的你，只要有人相、我相，就一定會比較。這其實無可厚非，只是當你明確地發現你「實在做不到」後，又因為如此，開始自責自己的無能為力，這時候靈性的知識就變成了擊潰你的魔咒。

接受你就是會比較吧！然後告訴自己：「我要跟某人比較，他現在已經是Top了嗎？如果不是，有人是嗎？我有什麼方法可以超越他？」各位，我不是鼓吹「比較計較」，我是說，既然你拿不掉，那就找出這個人性中對你有力和有利的部分，去讓自己更卓越。

任何心態都可以有正面的應用和負面的操作，你怎麼選擇而已。太多時候，我們都為自己選擇了一個不太恰當的「問句」，恰當的問句可以當作步步高升的踏腳石。一個有智慧的人不是不會遇到諸般問題，而是他曉得怎樣透過更有力量的「內在問答」去解決外部問題。因為常常那個「問題」就是自己。

緊隨比較計較的是「嫉妒」。跟比較計較一樣，只要你還有一點自尊心和上進心，你一定會嫉妒。上帝安排這個人性的可能是因為，「嫉妒」是刺激你進步以及發現自己不足之處、找到激發潛能出口的方式之一。問題是很多人誤用了嫉妒，拿來攻擊、謾罵。攻擊謾罵是最簡單的，也是最無用的。除了讓你更討厭自己、讓自己的精神能量消耗殆盡、永遠居於下風更顯自卑，可以說一無是處。

如果你很嫉妒某人，那就用力嫉妒吧！嫉妒到你火力全開全速前進，嫉妒到天荒地老開心就好。就算你在過程中不會快樂，好歹你創造了全新的自己。最後你可能會在回頭望望時，感謝那個讓你嫉妒到要死的人。不然，你可能會變成只會抱怨的受害者，當一輩子的魯蛇。

好吧！魯蛇也可以變有力的蟒蛇，如果哪天連抱怨都被自己嫌膩，連當受害者都討不到抱抱，就是「蛇蛻」的開始。

我敢打賭，這些你都知道！對嘛！「沒有不知道，只有不想知道」，向來是如此的。只是做不到？只是要做好難？我只能說你日子過太爽，吃苦沒吃夠！或許老天該給你幾鞭，打到你趴在地上哭爹喊娘沒人搭理，世上只剩你和上帝，你才能「真正學會」某些觀念，然後「心甘情願」每天操練。

別再自欺欺人了，欺騙了你的腦袋，最後反噬你的也是腦袋。一輩子終歸還是在小我的泥漿裡打滾，卻妄想著登天的極樂。行動吧！行動說得比話響，懂得不多的人才會常常講。最後一句是說我自己，不過我做得也不少就是。

◇別讓情緒主導生活

對沒有經過訓練和觀念導入的人來說，很容易成為情緒的僕人。當情緒的風暴襲來時，什麼都不能做。沒有對的心情就沒有好的事情，所有平常開心喜悅時「才會」有的溫和、接納、平易近人全部消失。這時就連取悅自己都難，更別說為你愛的人做點什麼。

當身處風暴中，你只想逃離。往昔「心情好」時的溝通和對話、承諾和期許，變成了一文不值的回憶。或許，連這些回憶也會被選擇性遺忘。一切只因為「我生氣」、「我不爽」。

情緒的風暴會自動出現，除非有意識地覺察和管理。

你是否有深陷對某事的情緒與煩躁中走不出來的經驗？我猜你會找人聊聊。是不是發現聊完後好多了？剛剛的煩躁和不爽消失了？

是啊！人有情緒是天生自然，神所接納的。而神也給了你解決的方法，就是去表達。

成熟的人不是沒有情緒，死人才沒有情緒。成熟的做法是用適當的方式去表達，讓傷害的風暴維持在一定的範圍，也讓聆聽和接納的幫助可以進入。有太多人與人的關係被情緒摧毀，其實當風暴過去，靜心細想才會發現，被摧毀的不只是關係，還有自己對人生的控制力。

千萬別讓情緒主導生活，否則人生的失控指日可待。魯蛇跟外在的成就無關，連自己的情緒都無法控制的人，才是真正的魯蛇。情緒控制是所有人際關係的基礎，情緒穩定，基礎就穩固；人際關係穩固，此生也才有了成就與發展的可能。你不可能遺世獨立。

縱觀周遭，你很難找到，情緒反覆又激烈、同時又是個成功受歡迎的人。如果有，前者或後者一定有一個是演出來的，因為宇宙的法則是「外在是你內在的投射」。

◇只有差異性，沒有比較性

逛書店時看見一本馬雲的會議講話紀錄，順手翻了翻。裡面的很多「觀念」不只對於企業，對於靈修也很有助益，可以說，馬雲是把靈修的觀念應用到電子商務上了。

如果馬雲可以這樣做，那搞靈修的我，是不是也可以去搞搞電子商務？邏輯上來說是沒問題的。實際執行層面，必定會有大問題，因為合邏輯不一定是對的。正如同稱霸電子商務的馬雲，可能沒事也會寫寫幾篇文章，但有沒有可能得到和 **J.K.** 羅琳一樣的成績？我認為他要是有這興趣跟天分，當時就不會去搞電子商務了。要是讓 **J.K.** 羅琳來開辦電子商務，別寫小說了，哈利波特讓別人寫去吧！那可能哈利波特只會是小眾的讀本，**J.K.** 羅琳也不是 **J.K.** 羅琳了。

一個人有哪方面的天分、能幹什麼事，按邏輯來說是沒限制的。但後天環境給了條件或是限制了條件，就變成人生出發點後的岔路。這岔路之後還有岔路，不停的分岐下去，交織出這社會千奇百怪的各種生態。這還是針對有夢想、有方向、有目標的人，對那些不敢夢、不敢想的人來說，別說達不到馬雲、羅琳的程度，連活得有點尊嚴、過得上有品質的生活都難。

各種媒體上常見到，明著是捧人實則自捧、明著是討愛實則是匱乏、明著是評理實則是取暖的文字或是影象。雖說自捧、匱乏、取暖都是標準的人性象徵，這麼做的人也不想被一眼看穿，總是要稍加包裝一番。但「羨慕」就不一樣了，你會大方的跟某人說「我羨慕你」，你總不好說「我嫉妒你」吧？羨慕比嫉妒要好點兒，但一樣是比較下的產物，只是一個向左一個向右，一個帶正電一個帶負電。

人比人氣死人。靈修圈裡有沒有這事兒？只要是人的圈子，哪能沒有？但大家忘了，不是人都能比。都是人，可個個不一樣；既然不一樣，就只有差異性，沒有比較性。

小時候爸媽或是親戚老是會拿某表哥表弟、堂姊堂弟的學業成績來相互比較，順便數落一番，說這有多氣人就有多氣人！他是他，我是我，不可比、不能比也沒得比。試想，你會拿兩個名稱、功能、外型完全不同的東西來比較嗎？然後訂定誰優誰劣、誰有價誰無價？不會！除非你活在以物易物的石器時代，即便在當時，比較的標準也是看「需求」，而非「優劣與價值」。

是的！說到重點了！人與人之間不存在優劣與價值，這些畢竟都是人定的。只要問是不是被這個社會所「需」，能不能供應社會眾人所「求」。

以物易物的時代，人性簡樸單純，在那樣的簡樸單純之下，眾生平等，凡是能夠滿足社會所需、供應他人所求，就是「有用」。名利什麼的，根本不在思惟範疇裡。自從人類社會開始變得複雜，比較之心也跟著蠢動，二元對立與零合遊戲便應運而生。

不同的人，即便從事相同的職業，也有差異，都是不存在比較性的。就好像同一套食材，鬼頭師做的跟阿基師做的，就是兩種味道。因為鬼頭師是鬼頭師，阿基師是阿基師。一定要比，也只有個人味蕾上的主觀。

所以我向來討厭選美活動。美有一定標準嗎？憑什麼你們挑一個戴上后冠說這是美，我就要認同？那些沒戴上后冠的就不美嗎？我甚至覺得，美存在任何一個角落。

上帝是完美的，祂創造的這世界從不缺美，但我們自己弄缺了美的視角。

活在二元狀態下已成習性的你我，要拿掉比較性，確實有困難，那從拿掉「評斷」

開始吧！當你能夠對進入五感的一切不做論斷、不下標籤，你才能有「如實」的納受，否則，你只是在五感之前擺上「主觀與偏見」罷了，缺失了生命的真味。

◇抖落汙染，不是逃避汙染

這世界沒有「出汙泥而不染」的事。誰都深受環境的影響，之所以能「不染」，不是因為不願或不會沾染，而是達到某種覺察後抖落了一身的沾染。「不願沾染」像是唐吉訶德對風車宣戰般，充滿著一種童稚天真的對抗，卻始終無法避免沾染。

任何一個能做到「萬花叢中過，片葉不沾身」的人，一定都曾經當過「魔鬼沾」，正是因為如此，他才學得抖落的方法，進而知曉如何不沾。

就像「久病成良醫」，良醫醫「未病」。也只有深深久久病過的人，對於健康才有過人的體會，而能有效預防。

這或許是我們無論如何必須要前來世間走一遭的原因。有人說，來世間不是來報恩就是來報仇，這樣二分的說法只對了一半，有更多的人單純只是來「經歷和體驗」，好讓自己習得、悟得生命的真諦。

除非你真的來世間深刻入世地走一遭，親自感受情的浪漫與痛楚、愛的撕裂與陶醉、心的恢宏與險惡、利的誘人與善巧，你無法在最後學會如何「接受與放下」，然後「瀟灑走一回」。

如果人間是「五濁惡世」，那很抱歉！沒有誰逃得過汙染，也只有透過被汙染，你才有機會、有能力、有強烈的動機意願去抖落這些汙染。我說的是「抖落」，不是「逃避」。抖落汙染的人仍在這「惡世」中，還會再被汙染，然後再抖落。

逃避的人則沒有這體驗與體悟的機會，因為恐懼早已使他無力面對，更無力抖落一身的髒汙，於是只好帶著髒汙直到不得不面對的時刻。

差別是：面對髒汙，抖落的人隨時可以輕鬆；逃避的人因為恐懼，反而更加恐懼，還外帶一身髒汙。

◇平衡，才能清晰

自珍自愛自重是不容易的，因為那也只是天平的另一端。正如同想減肥的你偶爾也會吃一些垃圾食物，其實只是想平衡一下。

平衡才是硬道理，任何看似真理卻帶來失衡的都不是實相。特別是在小我的國度裡，會用偽包裝聖化許多最終帶來失衡的「真理」。

只要還會使你的思惟、信念、想望擺盪在天平的兩端，你就是個平凡人。平凡人沒什麼不好，要是沒有不凡的內裡，想平凡還做不到哩！你終於更上層樓看見最終的天平，凡夫與不凡者的天平被你發現了，然後你明白地看見，這天平就是你自己的心。

自由進出凡人與不凡者的狀態，不受外力外緣擾動，清楚明白自己當下是誰，以及正在扮演的角色或是想扮演的樣貌，不帶批判，念念覺察地看著周圍來去的一切發生，如如不動，不悲不喜。

世界清晰了源自心清晰了，於是開始能活得明明白白。至於自在，那不是一蹴可及的事，你得練習，直到你無條件且仍舊不評斷地接受所有被你看明白的事。

當你的心開始對外境維持在「怎麼樣都是好的」，心如一泓清水不起波瀾，憤怒、不甘、受害、不滿等情緒，像是一種從沒認識過的東西，你才開始帶著意識去覺察照見。

你看見，真相原來也只是水中的倒影，甚至連主宰真相的你的心也不真，許多的信念枷鎖和知見桎梏，在被看見後失去了功能，再也無法掌控你。

那是全然的自由！進入這窄門，你看見星光燦爛有如天女散花，全身細胞無不暢快！

你注意到「細胞的感覺」、「眼睛的看見」，於是你睜開眼睛……

我原來還老老實實地坐在這裡。

「什麼散花什麼星空，南柯一夢罷了！」隨便你怎麼說，隨便你把哪個當真、哪個當幻，重點是，你見識過了！宇宙因為你跟祂打了照面，笑了……

「謝謝光臨！歡迎下次再來！」祂說。

◇我只是自然

寒夜獨坐，雨下得厲害，位在二十三樓讓人感覺更冷。

我升起了炭火，用老鐵壺煮水。這把鐵壺並非日製，更非名家，就是一把頂普通的壺，但我使用它的機會卻多過別把，壺身已經被木炭的炭煙燻成墨色。鐵壺內部微銹但不嚴重，我就當是補充鐵質，一直沒想換。

炭火殷紅，注視著微冒火苗的木炭，看著它從黑變紅，再因為燃燒殆盡而變成灰白，很可以體見事物成、住、壞、空的示現。往往我可以注視著炭火、看著看著就進入放空的狀態裡。

我是從什麼時候開始有泡茶的習慣的？作為一種生活當中的飲品，茶在台灣很常見，走進便利商店總有滿櫃子的茶任君選購，那種瓶裝茶，空有香精的滋味卻沒有喝茶的韻味。真要喝茶，得自己泡。

當時住在山上，那是一個林間小屋，布置得古意盎然，那空間配上周圍的環境，像是隱士或大俠住的地方。若是大俠該有酒，若為隱士應泡茶。所以當時上山而來的訪客，很自然地帶茶或帶酒，他們一定不知道，我酒量極差也不太喝酒，更想不到我雖然寫作卻是一介莽夫，並不懂喝茶。

雖然不懂，我還是知道，人該要配合環境，於是也胡亂買了一點茶具安置在原木茶桌上。雖非隱士，倒也煞有其事。

冬季山上清冷，燒木炭是日常要做的事。那時燒木炭我只為除濕取暖，直到自己擁有一把鐵壺，我才開始有模有樣地學人家泡起茶來。

茶的學問大。周圍懂茶的人不少：有些鑽研製茶；有些味蕾特別發達，擅長品茶；有的精通茶道，選用的茶具都有講究，泡茶的規矩也多。

鑽研製茶的會到深山老林去尋找野生茶樹，然後用獨到的技術製茶，與這樣的朋友會面，自然是分享自己的得意之作。擅長品茶的會對你娓娓道出不同產地、不同品種、不同製程的茶，還有茶的巨大或細微的差異。研究茶道的則會在擺上茶席後，展現一舉手一頭足的架式，每一個器物都精緻講究，每一個動作都有門道。

同時精通製茶、品茶、茶道的朋友也不少，每每上山總是帶來新貨和自己最喜歡的茶或器具。可能是知道我這人粗鄙，心想透過培養我對喝茶的興趣，也許還能有救。

他們的一番苦心落空了！我還是不懂茶，製程就別說了，光說茶的種類和茶道的規矩，就讓我發暈。他說得頭頭是道，我聽得一頭霧水。我這人真的粗鄙，學問上不求甚解，喝茶也毫不講究，茶葉是什麼茶不用問、什麼味道不用管，要幾泡換茶也隨性，就是注滿杯子一喝了得，一整個俗不可耐。當時這樣的我泡茶招待客人，不被懂茶的人嫌棄，那是人家客氣。

其實這是一個什麼都不懂的摸索過程，只是我的摸索期久了點。直到現在，我也還是沒弄明白太多有關茶的學問，知識就更別提了，我那有如快閃式記憶體的記憶和恐龍一樣的腦子，到現在還是只能分出生茶、熟茶，其他的一概不知。

這不知就不知吧！反正我泡茶求的是一個自在，懂得多了，我就會去講究非要什麼、非得怎樣不可，反而讓自己綁手綁腳。我不是刻意排斥去「知」，但也不刻意追尋就是。奇妙的是，我越不刻意追尋，上天為我送來越多的茶友，漸漸地，我不是只養成泡茶習慣而已，知道的也不少。

知道得多，接著就是「忘」的功課，不忘就被規矩綁死，反而僵了。喝茶上如此，很多思想上也是這樣，在堅持與彈性間求取最大的平衡。

能夠取，我要捨；能夠講究，我要將就；能夠攻，我要守；能夠顯擺，我要低調。

你有什麼、會什麼、能什麼、要什麼都是真的，但都不重要，重要的是——你是什麼。

我什麼都不是，我只是自然。

◇打開心中的太平山莊

海拔近兩千公尺的太平山莊，在鋒面過境中像個老巫婆一樣看不清真面目。一片煙濛濛霧靄裊繞，能見度低到時速二十都嫌快。選在這個時候來這裡，不是為了賦新詞著新書，是來接受天地的教化和自然的指導，在自然能場的氛圍中，為內在的提升去蕪存菁，讓山中的精靈為精純之力點化。

從踏入這圈子一路走來，我有幸運的時候，也有辛苦的階段。我這人很極端，浪漫的時候隨性之所至，不務實到極點；被刺激到了又會不給臉到令人髮指。之所以能談這麼多「中道」的觀念，那是因為這是我生命的大課題，我寫在臉書上的，很多都是寫給自己的。大家愛看，有收穫，那是我自言自語以外的附加價值。

我這性格帶給我很多犯錯的機會，幾乎跟修正的機會一樣多。要是有誰以為，當身心靈老師或此類書籍作者，就不會犯或很少犯錯，那他見了我，一定會鄙視的吧？我來這裡是來認錯的，離天近一些，好歹表現出我的誠意。什麼錯？散慢、隨便、輕忽、不上心！我指的是我生活裡的一切。

我常常昧於外在的假象，忘記了覺察本體；我也常常陷溺在事件的情緒裡，忘了當下；我更常被腦袋的欲望主導，在思言行上有了虧缺。如果我迷茫於更上層樓的階梯，修正錯誤會是很明顯的指標。

我在山中雨中霧中，對著當中的神祈禱，請神拿走我的錯誤，而祂說：錯誤要由我自己放棄，一旦我們這麼做，祂會忽略那些錯誤，不再紀念。

這一路並不輕鬆，一下子我明白了這趟旅程所為何來。它像是一個對自己和對天地敞開心房的儀式，透過這儀式，我們得到安慰與力量的依據。我們人有神性，但仍然是人，透過外在的儀式，我們建立與內在神性的聯結。

這是必須的，特別是，這個充滿著各種誘惑你「忘記自己」的時代。投胎時的隔陰之迷已經忘了一次，好不容易憶起一點點，可別再忘記。生死都是假的，過程點滴卻彌足珍貴啊！

◇內在沒有開關，外在就不會有事件

一個心中對某事存有不平的人，不一定會、或不一定能針對使他不平的事情去發洩或表達，於是只好在後面的日子裡讓情緒移轉目標，因為心境需要平衡。這些「不平事件」往往是在人生的過程受到了不恰當的對待，例如童年被遺棄、虐待的經驗，或是情感上被惡待、不忠的記憶。也或許，只是曾經在小學時某個同學跟他借橡皮擦沒還。諸如此類不愉快的經驗，累積出一個又一個的心靈炸彈等待引爆。

這顆炸彈持續在心中壓抑著，勢必得有個爆點，心靈也一直在等待著一個可以發洩的機會。於是很可能當他看見社會上或自己身邊某些不公不義的人與事，就急公好義了起來（特別是和他記憶中的「創傷事件」相關、相應的事）。有些這類「好管閒事」的人，清楚地知道自己只是在借題發揮去發洩；有些則是早已忘記或是不承認，自己其實是在心態不平衡的情況下去「好管閒事」和「急公好義」。有智慧和自我覺察的人會用一些「建設性」的行動去管這些「閒事」和「公義」，但像我這種智慧不高的就只會抗爭、批評、謾罵……

其實一個人一天到晚不爽這不爽那、幹譙這幹譙那，不論說的或論述的多在理、多合邏輯、多符合社會正義，都正在說明自己其實並不快樂。一個快樂的人並不是不會去注意到這些讓人不爽的事情，而是他們有更多在表達上的選擇。有的是輕描淡寫，有的是不予理會，有的則是化作一抹嘴角的淡笑，但絕不會視而不見。

社會上不公不義的事情多了！政治上的，政策上的，交通上的，人際裡的，職場上的……說都說不完！要罵更是夠你罵上幾輩子。根據我自己的經驗，罵到最後只會讓自己更不爽，然後對社會、對人世嘆一聲：「了然啦！」因為自己的內在就是由不爽起頭的，只會用不爽來結束。「開關」根本在自己身上，「事件」只是投射。罵，只是在發洩自己內在的情緒。就算那事件得到改善，還是得繼續找別的事情罵。因為內在讓他不快樂的開關一直開啟著。

「內在沒有開關，外在就不會有事件」。很多時候不一定是我們自己的開關「吸引」到讓你不爽的事件，更多時候是我們自己會去找發洩的機會。只是，你可以否認或是忘記自己其實是正在發洩，或是不承認自己需要發洩。

「若真修道人，不見世間過」。我想，只要我對人間還有是非對錯、公義與否的價值觀，就不是一個圓融的修道人。以前我總以為：難道修道就一定要讓自己是非不分、不問青紅、不問世事、獨善其身嗎？後來發現並非如此。真修道人也是人，自然還是有人間的是非黑白價值觀，也應該遵照這個規範走。只是他更明白：「天地之間有陰陽，人世之間有善惡，我可以選擇的除了善的行為以外，更重要的還有對於『惡』尋找出善的表達之道。這樣一來，善惡就只是一體的兩面而沒有分別了。」

《聖經・創世紀》裡的亞當、夏娃吃了分辨善惡的智慧果，就有了分別心，分別心被包藏在象徵「智慧」的蘋果裡。《聖經》說這是人一生中的「原罪」，其實那不是罪，那是人間修練的課題。神要看的，正是我們能否用這份智慧去分辨並運用善惡。畢竟這兩股力量猶如日月，總是相伴相輔。

3 懂你自己，才能做你自己

每一個人來到這世上獨有的天賦和道途，
這些東西別人拿不走，自己也躲不掉。

◇看出幻象，進入自己

出道至今，發生很多事，也認識很多人。終歸是透過這些人、這些事認識了自己。知道自己的底線，認識了自己的潛能，明白了一切都是唯心造的幻象。

練過合氣道的人知道，要「合氣」，合的是那股丹田之氣。四肢是虛的，招式也是虛的，真正強大的是那股丹田之氣，用的對，那氣可以四兩撥千斤，小女子可以捧大漢。

跟合氣道的觀念一樣，我們對外投射或關注的都是假象，內在一點清明才是真正創造的來源。悟得這點，就不會為外界所惑，心隨境轉；悟不得這點，不管你追求什麼，怕也是捕風捉影疲於奔命，到頭一場空。

要真是一場空倒還好，問題是，人在世間沒有不留下痕跡的，所有人做過的事，都在宇宙中留下紀錄，從來沒有神不知鬼不覺的事，甚至包括起心動念也留下刻痕。誰記的？自己。人人內在的本源清明之心一直默默記錄著一切，然後透過宇宙的無量之網，輸送到天地資料庫。就算你自己忘記，天地也不會忘，遲早都要平衡回去。

我看著娑婆世界的人們，感嘆眾生無明的同時，驚覺我也是其中之一，並沒有高明到哪裡去，照樣被捆綁在名利浮沉、人心糾葛中，我的心沉了下來。

我無力去拿掉遮蔽人們光明的障礙，因為我自己也常在障蔽中，甚至還更多。我只有一盞小小的心燈，足夠我自己使用，努力使祂不滅已經夠費力，卻痴心妄想掃除無明黑暗？佛陀他老人家到現在還在講他的領悟，可也沒能阻止末法時代的來臨。

這喚不醒的人心，其實不能怪人哪！是這世界做得太真，真到無法相信它是假的！要是你很明白地知道這一切都是假象，只是布景和演員、道具與攝影，你還會賦在戲劇裡面嗎？你可能會配合演出一下子，然後回到你自己。

其實這樣也就夠了！佛陀也只希望，凡夫如我們，做到這樣就好——看出幻象，走出場景，進入自己。能做到這第一步，後面的人間福德就能自然顯化。至於再度往上修練，是另一個層次的事。對沒有大願或是心力不堅的人來說，即便只是明晰的看清幻象，都能空其心而使身心安頓，因身心安頓而讓百花自然綻放。

看透這世間吧！醒來！與其找證據證明這世間的真實，不如直接相信它的虛幻。

起碼，在你終於深刻相信並體會它的虛假後，你會鬆一口氣——原來是夢！然後你會注意到醒著的自己。

鬆一口氣比嚥不下這口氣好，開心地吸一口氣又比嘆一口氣好。人生不是要求好嗎？除了在這一口氣裡，還能在哪裡？曾經有過無意識地出神、專注呼吸的就會明白，真實的生命在你一呼一吸間，從來不是跟外面鬥的那股氣裡。

氣要合，不要鬥。真要鬥，鬥得過自己才是贏家。敵人從來沒有出現在你以外的地方。

延伸筆記

我的

人活一天就抓取一天，抓什麼？抓名、抓利、抓權、抓生存、抓「我的」。

「我的」聽起來像是「專屬權」，外在有「我的車子」、「我的房子」、「我的伴侶」、「我的物品」等。這些「專屬權」也都是很短暫的，最長的也不過此生，最短的甚至不到幾天。那些你「以為」應該永恆的東西，在你忘記呼吸之後，都對你恆不起來。那些你「認為」應該要一輩子的承諾，在生存品質出現問題或生離死別一旦發生，都會出現變數。

內在的「我的」像是「我的思想」、「我的創意」、「我的目標」、「我的責任」等，比外在的一切有形有象偽裝得更像你的「專屬」，以致於許多人不知其假。頭腦先是以假亂真迷惑你，然後你假戲真做以假為真，終於上了大當。

年紀越大，你越能體會外在的不實，但或許要到生命的最後一刻，你才會發現「自我」的不真。最後一刻才知道，日子裡一直掛在嘴邊的「活在當下」和「無我」有多實際，根本不是空泛的宗教或靈性用語。

這世界沒有什麼「專屬權」、「永久權」，你的裡面外面都是！只要人的壽命有限，就完全沒有！悟透這一點，任何財產、權力或是緣分和生命的離去，你都可以淡然淡漠，無入而不自得。而熱切分享的人，如果不是為了快樂，就是因為豁達而了悟「無我」，因「無我」而知「無物非我」，是故無需執著而常使輪轉。

◇看自己是個咖

張三是朋友轉介紹認識的朋友，見過一面、吃過一次飯，談不上熟，具體從事的工作也不了解。某日他私訊給我，說自己手上有個企畫想找一些名人推薦，希望能透過我認識，當然他希望我也能推薦。

我看了看他臉書，回憶了一下當天吃飯的畫面以及他的穿著、談吐與內容，便委婉拒絕了他。就像其他的作者把書稿交給我請我「代轉」出版社一樣，也會被我拒絕。我的理由很簡單：出版社投稿管道很開放，如果你的作品是他們要的，自然就能被青睞，不需要透過我。我和出版社彼此都有這樣的默契。

介紹朋友彼此認識，這是正常的社交現象，不過因為背後也是自己的朋友，你會對主動前來探尋認識機會的人稍加過濾也是自然，特別是這些背後的朋友還有些知名度時。說白了，名人誰都想認識幾個，問題是名人想不想認識你的朋友？

如果是跟工作有關的事，找經紀人或是公司也就可以了，會動用到私人關係的刻意介紹，那可不是這樣簡單。求訪者難免不被上下打量論斤秤兩一番。試想，假設郭台銘是你大舅子，一個跟你只吃過一次飯的朋友想透過你認識他，你會不會有：「你是誰？你找他要做什麼？」這樣的OS？

這個讓求訪者困窘的OS，無論如何都一定會在你心中出現。當然，你也一定會看見對方搬出稱頭但不見得真實的理由。但，你就引見嗎？你會不會為你身後的大舅子想想？估摸一下「他的心思」？畢竟你還是對大舅子了解一些。如果你會，你就能理解，人家的拒絕其實不是針對你，而是保護他的朋友、家人。

很多時候你會贏得尊重，不是因為你說「Yes」，而是因為你說「No」。

這跟「你是不是夠格」無關，我知道有些人被拒絕了會產生「看不起我」的感受，其實不是，沒有人可以看不起你，除非你先看不起自己。人家只是按照他對身後那位「大舅子」的了解，去評估和篩選到他面前的人。

雖說眾生平等，我們可不能要求人人都沒有分別心。撇開身分地位和財富知名度不說，畢竟性格、氣質、對味才是決定能不能變朋友的關鍵。那些因為外在條件而靠過來的朋友，能配合的也只有外在的東西，哪天外在條件消失了，他也像退潮一樣消失了。

商業行為當中的「轉介」最有效果的是在對方主動上，而非他人要求請託之下。你要能做到對方肯「主動」為你引見，當然你在他眼中已經是個咖了。

能不能成為別人眼中的咖，其實不重要，當你看自己是個咖，你就會有「是個咖」的內在表現，外在形成自信的氣質。當自信展現出來，外在又有支撐自信的籌碼，內外交互正面影響下，想不是個咖都難。

延伸筆記

為自己造勢

人要成事，要會造勢，建立人脈、搞緊關係或幫人抬轎是為別人造勢，那能換得一開始的友誼或合作，能不能長久，就看你懂不懂為自己造勢。

這不是說人與人間的心機或取巧，也不談計謀或詭詐，我的「為自己造勢」，談的是正面的態度、有用的信念、合於天道格局的價值觀。是一種適度為己也多方為人的表現手法，一種私下的思言行都能沒有祕密、無需設防的無懼真誠。

很多人的成就是因為頭腦了得，這我不行。我這人腦袋不好使，只得選個最笨的為己造勢法。能不能流芳百世我不知道，但我知道，善使腦袋的心眼多半不單純。觀察結果得知：能不能基業長青，往往看你有沒有丟了赤子之心。

◇改造自己，分享價值

自從變成作者以來，我有好久好久都把自己當作心靈工作者和文字工作者，即便分享課程或書本，心態上都沒有「我要銷售」的初衷。以往「銷售」可是我的看家本領，要是東西賣不出去，那日子可過不下去。

時光機般緩慢地把我往回推，記憶回到了那個靠業績過日子的歲月。儘管我很清楚，再也無法回頭去當推銷員，看到街上西裝筆挺的年輕人，倒是讓我想起許多往日記憶。

過去靠著「銷售」，我的生活品質高高低低，有過生龍活虎也有過灰頭土臉，雖然當銷售英雄的次數屈指可數，當垂頭狗熊的日子居多，但即便是不順利的日子，我依舊從當中學習和領悟到許多人性與人生的道理。可以說，當時的我若沒有走上銷售員，就不會有今日對生命這般深刻的體悟。

其實我是很不適合做銷售員的，我個性內向。你沒看錯，我寫的是「內向」，跟你以為的不一樣。我不愛說話；我討厭靠近人群；我臉皮薄，害怕被拒絕。光以上三點，就可以讓我對銷售敬而遠之。

但我為什麼做呢？因為我當時沒有選擇！我想創業，創一番大業，可是我沒背景，沒學歷，沒人脈，沒錢。最糟的是，我當時的個性又爛到不行，嘴賤又倔強，機車到人人想扁，連外型都是那種瘦長竹竿、難成大器的感覺，就算穿上西裝打上領帶，也還是一股窮酸與流氣。顧客看到我，只想打發我走，有幾次連門都不給進，我壯著膽子再按鈴，竟然被放狗追。

銷售員有很多種，當陌生銷售的才是銷售界的冠軍勇漢，要承受許多的拒絕之外，更多的是羞辱，那種言語上的羞辱例如：「這裡是高級會所，你們這種人不能進去。」這類的話是已經聽到耳朵長繭自動略過，那種過五關、斬六將才見到「Key man」的機會，卻被人家當眾撕名片，然後請預先就來的競爭對手洗你臉的事情也是遇過。

將近二十年的歲月，天天都這麼度過，要不是每天懂得給自己打氣激勵，沒幾個人能挺得住在隔日的朝陽下走進辦公室，因為接下來又是一整天的「打擊」，而值得慶祝的日子屈指可數。

想一想，當年能夠一年撐過一年，也實在是件不簡單的事情，奇妙的是，我從沒想過「不幹」。或許是因為骨子裡頭叛逆，喜歡挑戰自己的極限與人生的未知；也或許是因為「老子不甘心」，沒闖出個名堂絕不甘休。不過現在到這把年紀已經知道，就算當時給你闖出名堂，也早晚死在沙灘上，因為後浪推前浪，英雄的舞台總是短暫。

這世上就沒有什麼可以永遠長存，榮耀只是一時，拿來爽自己，台下的「同業」、「同事」，可沒幾個真心祝福，但都裝出一副你好了不起、好棒棒的表情，然後說出一堆言不由衷的話。做銷售，讓我見識到人性的虛偽。

這是我最討厭的特質之一，儘管我一開始也為了和諧和業績學著虛偽，但越來越不快樂，每天說著一堆自己聽了都不相信的話給顧客聽，已經覺得自己夠假，回到辦公室一身疲憊，還得在夕會上笑著面對同事，想也知道那個笑容的品質和真心的程度。

我後期做銷售就開始叛逆了，我開始不按照長官的交代說話，我開始出現鬼點子，我開始自創方法，我開始能言善道，我開始大開大闔無懼一切……我決定改造自己，讓新的那個「我」開始做自己。

我必須說，做「全新的自己」，真爽！那是一種……一種整個生命、整個人都煥然一新的熱情與激動。

我這樣「改造自己」很多次，就像是向上的圓形手扶梯一樣，每改造自己一次，都讓我迭創佳績。向上的過程中，我愛死這樣的改變，後來就變成了無所畏懼的性格。

至於我後來會搞到要去自殺，那是因為有了三分顏色就開起染坊，自信過天，把成功想得太簡單，濫用了我周圍的人對我的愛與信賴，從手扶梯上跌下，跌了個狗吃屎。這是為何當老天再給我一次機會、讓我成為書籍的作者，我會把讀者和周圍愛我的人的信賴，當作是我不可失去的最重要的事情。因為我失去過，我知道那個四面楚歌、彈盡援絕的絕望感受，我知道那個絕情谷底冰冷的滋味，那時只剩上帝能救你。在這樣的無知下，我把自己置之死地。

蒼天憐憫，給了我一本書，一本我自己打字卻連看都看不懂的天書。然後我用一年的時間讀通、讀懂、讀透它，於是開啟生命的另一個階段。

我以為過去的一切早已離我而去，但那只是我的以為，畢竟經驗還在，我不是接受了神啟、判若兩人之後，就對過去得了失憶症，有些過往的經驗，還是很有參考力道的。畢竟這些是我的生命歷程，我從那邊來，它們不可能、也不可以從我記憶中塗抹消失。

銷售工作到後來變成我的性格與生活的一部分，因為我討厭穿西裝，我討厭說著虛偽和過度包裝的介紹詞，我討厭讓自己看起來像銷售員。但是我對人生已經有了動力，我對人群已經找到我的熱情，我對社會已經有了一些認識，我對滿足人們的需要有著分享的渴望……如果我有他們要的東西。

是的！我愛銷售！因為愛，甚至沒有錢賺我都做，我喜歡看見人們滿足的笑容和道謝的眼神，我喜歡！我愛！因為這樣的性格，我想我已經把銷售對我的意義提升成為「分享價值」。我驚訝地發現，正是因為用「分享」而不計較、不假掰的態度，反而贏得人心、贏得生意。

自古從來都是得人心者得天下，各行各業皆然。我的天下不大，三五步的房間而已，但我得的人心，可是遍布全世界啊！很多讀者和臉友都知道，可以透過臉書私訊問我許多心靈世界乃至生活的疑難雜症，只要時間允許，我都會答覆。

不論我當作者或是心靈老師，我都只是個單純、平凡、快樂的分享者。分享我的喜怒哀樂也分享我的真善美好，讓你的生命因為有我的分享，而成為其他人的禮物，這樣，即便地球所有人類不會一次全面覺醒，也一直有在前進，不會後退。

◇靈性上的好轉反應

如果你有在靈修，或者，你自認是個靈修的人，一開始你可能會敏銳地覺察到，生活中的巧合或是幸運的奇蹟增加了。

其實不是增加了，而是你終於注意到了。

甚至許多靈修新手會有所謂的「靈性的狂喜」，我說這是新手的運道，靈性不會總是狂喜，靈性最後終歸要平實落地。在初階的高潮過後，你會了解，巧合是不存在的，而奇蹟也沒有大小，更沒有對象之分。即便是一個行乞者，也被允許享有天降的恩賜。

但我相信靈修一段日子後，你會發現奇蹟般的好運消失了，彷彿它們未曾有過，取代的是種種的不順、疾病、意外與困頓。

這一切究竟是怎麼回事？不是在精進中應該要越來越好的嗎？不是越修應該越要心想事成嗎？

你從哪裡來的這些想法？誰告訴你的？你怎麼這樣天真？

你只是稍微做了點身而為人該有的本分，卻理所當然地認為老天該給你許多。老天沒有欠你什麼，也沒答應過你會心想事成、一帆風順。而且，捫心自問，你道行的程度真的讓你值得老天的厚愛嗎？值得受祂的奇蹟多久？

如果你現在開始難過起來，別難過，事情也沒那麼糟。

你或許聽過身體有所謂的「好轉反應」，就是為了恢復健康而會在症狀上有更嚴重的表現，例如對某些正在排毒清理的人，可能痘痘會更多，還併發筋骨痠痛、胸悶氣短……從生理上說，那正是身體啟動自癒能力的表現，過度的藥物反而適得其反。

靈修也是一樣，我們的心像是一桶陳年的糞水，積累著許多的錯誤、恐懼、擔憂和所有你逃避的責任。一開始你願意面對這桶糞水，會有些小獎勵；當你真的開始攪動糞水，自然會嗅到衝出的撲鼻氣味。這些噁心的東西不正是從你身體內在排洩而出的嗎？你把它棄置，眼不見為淨，但它並沒有消失。

現在你要面對它，嗅它，與它共處好一段日子。

這不是個輕鬆的過程，你生命中的許多習氣要被翻轉，許多不宜的關係要被斬斷，許多不適的朋友會離開，許多不該屬於改變後的你的人事物，會一件件地崩離瓦解。

這是靈性上的「好轉反應」，這過程的附加功能就是檢驗你靈修的道心是否堅定。畢竟日子好過時，誰都能說上大道理，真功夫只在痛苦磨難時才能顯現，你會在痛苦中知道自己的級數。老實說，這是一個很容易放棄和退轉的過程。

原本積累了數世的因果要在半生償還消滅，就像是喝一杯超極濃縮的苦茶。人生是苦多樂少，多數人選擇把苦茶稀釋成一大缸，每天喝，喝上幾輩子。只有稀有而充滿勇氣的靈魂會選擇一飲而盡。

選擇不退轉一飲而盡，只需苦個幾年……好吧！有人是十幾或幾十年。可是上天對那些吃苦咬牙的回報是大的，因為能夠「三世因果半生償」的人，都當承受天地宇宙的供養。

神的國度屬於他們。

◇干我屁事、干你屁事

「對號入座」經常會發生在內在自我評價不高的人身上。撇開真的心虛而對號的不說，光「我不夠好」或「我總是錯的」的內在信念，就夠讓那人在生活裡有得受。因為會不斷地對外投射找尋證明「我不夠好」、「我是錯」的證據，於是變得開始「對號」……

這世上只有三種事，老天的事、別人的事、自己的事。自己的事最要緊！「樹頭哪顧呼栽，就嘸驚樹尾做風颱」，鞏固好自己的內在，堅定好自己的信念，提升自己的價值，就不會老在意別人的事，甚至還老「擔心」、「以為」別人的事跟自己有關。這種擔心跟擔心老天會塌下來的那位「杞人」本質是一樣的。靈性書籍說的「外面沒有別人」，指的正是把焦點拉回自己。

別人的事確實跟自己有關的，只有對方需要幫助的時候，不過這幫助可得注意是不是幫過了頭，甚至替對方承擔起他自己原本該當的責任。會因為任何原因為他人「承擔責任」的人，是不明白慈悲與智慧的平衡。多半這樣的失衡如果不是別有居心就是濫好人，同樣是內在自我評價不足的表現：因為害怕拒絕他，於是乾脆全部為他擔了！這不是勇氣，更不是慈悲，這是愚昧。如果父母這樣帶孩子，期望這孩子長大能成材就不用說了，別成為社會的問題包袱已是萬幸。

一個有著智慧與高度自評的人，會分得清楚老天的事、別人的事和自己的事，他清楚地明白「責任」的分野。老天的事操心無用，他人的事不用操心，自己的事用心去操。先顧好自己的事，行有餘力再協助他人。

對於那些有著習慣性低自評「我不夠好」，而產生主動投射的「對號入座」、「以為」的行為，我有一個建議，就是：未來生活裡，除非對方需要你的幫助或是你自己應當承擔的責任外，所有不該的「以為」、「擔憂」和「恐懼」一律用「干我屁事」這四字對內在說話。這能幫助你把焦點和注意力再放回自己身上，去創造價值與更高的信念。

「如果外在不干我屁事，那與我有關的是什麼？」把焦點先放在自己身上去建設自我，絕對比一天到晚在世上疲於奔命地救苦度眾、胡亂投射有用。因為前者是從內在的神汲取力量，後者是消耗力量卻想從外在找到神。

如能轉念，何須大慈大悲，當下回頭，何必救苦救難？

＊　＊　＊

女士如果挽著一位猛男上街，會有十足的安全感。男士如果帶上絕色美女亮相，也會不由自主地優越起來。「沾光」的心態讓人們喜歡跟外貌姣好、身形出色的人走得近一些。如果你具有這個條件，確實在獲取人世間的名利與成就上，是比較吃香些。「長得漂亮真好！」這也是為何許多促銷的場合都要請「辣妹」，以及化妝品、整形生意總是蒸蒸日上的原因。

人們受外相吸引，這是不爭的事實，這是人性的一環。畢竟你在「看見自己」之前，你先看到了外界。身心靈老叫你往裡看，很多人道理上明白，卻老做不到，每天還是看見「外面」的許多事。被什麼吸引了目光、被誰刺傷了自尊、看誰不順眼、對什麼事不滿意……

在這些「看見」之後，自己內在的小宇宙開始出現各種的「發酵」。於是內在的各種聲音，羨慕的、嫉妒的、攻擊的、批判的、不爽的……開始出現。

親愛的，這一切的發生都沒有錯！更不是你的錯。

只是，那些被你看見的「外在」所發生的，也沒有錯！他們其實只是一種「外在的發生」。如果你不在，如果你看不見，那些還是會發生，其實根本沒人是「衝著你來」。拜託！沒人在乎你，大家都只在乎「自己」，這也碰巧是你的問題而已。當你也注意著這個世界的外在帶給你「自己」的一切感覺，痛苦就會持續著。

你注意到的那些你內在小宇宙的各種聲音和戲碼，不過只是你自己的編劇，然後自導自演了起來。如果你清楚地知道自己在演，那不會演太久。悲催的是，只有很少人真真正正體認到，人間所有的一切都只不過是一場戲，根本不知道自己在演。一個演員忘了正在演戲，會發生什麼？尤其當導演又是自己的時候？既然忘記自己在演，當然不會喊「卡」。一齣好好的戲碼於是荒腔走板。

「覺察」有多重要，不用我說，已經有太多的書籍闡述。要怎麼做？從「任何事情反觀己心」。這麼做的目的是讓自己的事和別人的事分開。就像《聖經》裡說的：「讓該撒的歸該撒，神的歸給神。」你必須承認，有太多根本「不關你的事」的事被你談論著、攻擊著、批判著、思索著、痛苦著……其實，干你屁事！

別人男盜女娼雞鳴狗盜干你屁事？那既然不是你造成，就不是你的責任。放下無意義的正義感，讓該處理的人去處理。以前網路上流行一句話：「這世界只有三件事，自己的事，別人的事，上帝的事。」你要是責任感無限上綱的，把不干你事的別人的事或上帝的事攬在自己身上，還為此憤怒、生氣、謾罵、批評，無端端弄死好不容易才剛剛分裂與複製成功的腦細胞，何苦來哉？最最可憐的，是以「自責」作為自我覺察和懺悔的功課的人。

拿不是你責任的事情來自責，你確實需要自責，原因有二：

（1）因為你剝奪了他人可以自我覺察並且為他自己負責任的機會。

（2）因為你自我感覺良好，或是驕傲到竟然以為別人的事干你的事，究竟你以為你是誰？干你屁事？

延伸筆記

觀察、投射與專注

我們容易把自己內在的渴望、想像，或任何自己「還不是」但「想是」的狀態，用「投射」的方式，加諸任何一個被你「喜歡」、「欣賞」、「羨慕」甚至是「嫉妒」的對象。

「投射」是一種人性中的自然狀態，卻有很多的時候被汙名化。其實「投射」是為了讓自己「變得更好」而產生的一種機制。如果不懂投射，人們也失去了想像和學習的標的。

所以盡可以投射，但請投射正面的渴望和想像、積極與陽光。當你把陽光投射出去，黑暗就遠離了身旁。

◇幫助人和被幫助

我們都曾經受人幫助，在很多時候。可能是你需要搭把手的時候，可能是落難的時候，可能是需要江湖救急的時候……尤其是像我這種一無所有闖天下的傢伙，一路走來不知道被多少人幫過。我有一份名單，列著每一個幫過我的人，對這些人，我永遠心懷感恩。

相對地，我也幫過一些人。我只知道這樣，至於是誰以及具體幫了什麼，我是完全不會去記憶的。這不是我心量特別大，而是我很清楚：人性都是健忘的，被幫的可能比幫人的忘得快，尤其是困境過了之後，所以乾脆也別記了，交給老天去記吧！因為和大家都有一樣的經驗：「幫過人也被幫過。」我開始對這中間的關係產生興趣，也有了一些感想。

基於自己幫助他人的經驗可以得知，許多幫你的人，有時候只是在當下的時空手邊剛好有資源，而你的需求是他順手可以幫得上的，於是兩人的友誼更加深了一層關係。幫助人除了「順手」還要「安全」，這世上已經越來越少那種兩肋插刀、完全不顧慮自己的助人行為（不信你問看看，除了家人，有沒有人願意當你保人）。特別是在各種負面社會新聞不斷出現，人與人之間距離開始冷漠；特別是當一個人有了家庭和事業，面對需要協助的朋友，一定會選擇在對自己安全的範圍內協助。

「順手」與「安全」，都是我們在助人時的必要考量，這不是自私，而是自愛。當你無法真正地保守對自己的愛，對外界的愛與幫助，也只是糊上一層面具的假象罷了。對被幫的人來說，要有一個認知：人家本來就不是一定要幫你，但人家幫了，不論幫了什麼，都應該要心存感激。

「心存感恩」絕對必要！至於「受人點滴必泉湧以報」的念想則大可不必。因為施與受都是當下的一股因緣促成，施與受都是相同的力量來源，就像毀滅與創造來自同一股力量一樣。在施與受的行為產生的當下，能量已經被平衡了。請不要誤會，我的意思不是不要感恩、不要回報，我說的是：受人幫助，感激與不忘是應該，但是帶著這一份人情包袱，思思念念地想著要報恩形成壓力，只會拖慢自己的腳步，反而讓回饋這份幫助的時間延後。輕省一些會讓你的腳步加快。

至於幫助人的，在「順手」與「安全」之外，絕不能有一種「助人的高度」。

助人最高尚之處在於讓對方感覺不到你的幫助，「施人勿念」指的就是這個意思。但有些人幫助他人的「同情」與慈悲無關，只是要表現自己的優越感，不管那個優越感是來自他的錢或是地位帶來的資源。當你接受，他會帶著「幫過你」的記憶，有形無形地要你記住要你感恩，然後在不確定的時間，他就要把這人情討回來。其實我們說「禮尚往來」，他要回這份人情也無可厚非。但這一類的人往往自己不會注意到，他們的優越感其實是：無法接受那些當年讓他低頭看的人已經脫胎換骨。他們在你落魄落難時的幫助，當然值得感激，畢竟沒有誰會喜歡看朋友或家人潦倒落魄；只是當物換星移的你飛上枝頭，他們也不見得喜歡看你飛黃騰達。說白了，不是真的為你的翻身而高興，反而是不高興自己已經不能在你面前施展優越。這樣的人，人情還了，友情就算完了。那種忘記當時幫過你，也不會以優越感看待你的，才是真正值得一輩子深交信任的人。

人與人之間不論幫人或被幫，態度都很重要！你所展現的態度都是在告訴別人，你是一個怎樣的人，也決定對方會不會是你終生的摯友。幫助人的不要有高度，你能幫，是因為天地聚集因緣和資源，透過你這個管家來給予。被幫助的也不要矮人一截，心懷感恩，沒有包袱，這樣你才能翻身成就自己，同時也有報恩的機會。

幫助人和被幫助都能讓你認識自己、認識人性。善巧當中的平衡，可以為你建立在世上的人脈和資源。至於那種不願助人的人，我們只能祝福他，永遠不會遇上需要被幫忙的事。

◇靈性以玩樂為目的

弓道、劍道、合氣道，是我以武練心、以身練氣的運動，跟健身一樣，單純爽自己的自私目的，我想知道自己的潛能到哪裡。

修練心靈，沒有強健的身體是不行的。因為開始這些運動，我才深刻體會到：人們不能只有心靈的進展，身體跟不上，靈性也上不去，此二者是相輔相成的正相關。

我學習的武術，走日本武士道系統；心靈的觀念走新時代體系；至於玄密的層面，則是跟道家有深刻連結。這些完全各不相同的系統，會把我變成什麼？我不知道，其實也不需要知道。因為我沒想過要成為什麼，也真的不必成為什麼，這些加總起來就是我。就算是「四不像」，好歹也是神獸吧！

我三十六歲以前很抗拒天命，活得只能說辛苦二字；四十以後開始真正地接受了天命的道途。老天要怎麼操我用我，我都不抗拒，心境因此更為開闊，人生的際遇也跟著寬廣，正所謂「心有多廣，路有多寬」，此話不假！

當我的心準備好了，老師就一個一個出現。不論武術或道術，上天都派了我所需要的老師來教我。這些都來的恰到好處，正是時候。要是早十年，我可會是個劣徒；現在，我是個用功的學生。

有人每天閒雲野鶴地玩，也能玩出名堂；有人努力工作，成就一方霸業；有人認真讀書，成為高端學者。時間總不會白費，花在哪裡，成就就在哪裡。一人一套活法，就是開心就好。

性之所至，隨心所欲。行而不逾矩，得恰當二字，生之大樂也！

◇孤單的反義詞

我頭一次注意到「孤單」，是在某個團體的聚會上。我發現每一個人都相當自在地融入環境和說話的對象，即便他們才剛認識。或許因為他們有類似的穿著，或許因為他們有共同的朋友，又或許，他們有共同的信仰和理念。

這些，他們也是剛剛才發現的不是嗎？他們是怎麼開始的？又是如何從什麼資訊都不明確的情況下，去定義對方是個可以交流的朋友？

現場沒有我認識的人，我試圖和人說話，結果卻讓自己像是個傻子。他們像是聽不懂我的話似的，露出敷衍的眼神，隨即轉開話題或是和其他人說話。在和幾個人嘗試講話後，結果都一樣，我受挫極了！

我不是一個不善於傾聽和表達的人，我也喜愛所有新環境的經歷，但我就是無法融入那群人、那個環境。一陣前所未有的強烈孤單感向我襲來。我是這群人中的孤獨者。

其實平常的我很善於獨處。閱讀、靜心、在大自然中發呆、單獨開車或只是靜靜滑手機，都讓我感到自在。我也不是那種渴望被人認出是誰、一旦沒有就悵然若失的人。但那天晚上，事情有點古怪。

我開始思考著一些有關孤單與群體的問題，於是我讓自己真正的孤單，我回到車上，打開閱讀燈，在手機寫下我的思緒。

人類有許多群體，而分類多到不可數。有些群體歡迎你，但你無法融入；有些群體較為封閉，但你可以融入。不能融入，有很多時候不一定是自己的問題，也和該群體的組成份子有關。你知道的，我們的腦袋都善於「標籤」，而且早在你開口之前，他就已經標籤你：「是我族類不是？」不是也無所謂，還是能說得上話，但要是話不投機，多半後續友誼的建立就會有困難。

（說話是門巨大的學問和藝術，要如何跟不同對象都能投緣地說話，這已經是外交官等級的能力。在這裡，我們先假設每個人的表達力都在正常的範圍。）

我需要因為無法融入一個團體就沮喪失落嗎？大可不必。因為我不是非加入不可，因為我能融入的群體還有許多，有些甚至是巴不得我去。

但不知道為什麼，我今晚的孤獨感巨大又無力。我越努力想要讓自己「不孤單」，我就越受挫。這份無力感，讓我在汽車座椅上動彈不得。於是我告訴自己：「我要讓自己和孤單相反。」我不要孤單，但孤單的反義詞是什麼？

想了好久，我發現我竟然找不到「孤單的反義詞」！老天！我還是個寫作人哩！一定是書讀太少的關係……

以前我的思緒要是卡在一個點上過不去，就會一直卡著，現在我學會擱置。「既然找不到孤單的反義詞，那就探索孤單吧！」

不管這世界上的什麼，動物、植物、礦物，哪怕是天上的雲、海裡的水，都是孤單的。好吧！孤單不太適合用在所有物品上，用「單獨」吧！

我們都是單獨來到世上，就算是雙胞胎、多胞胎，也是「各自獨立」的。天上的雲也是，海洋裡的水分子、鈉離子也一樣。所謂的「聚合」只是一種表象，也是假象。可以說：存在本身即是孤單。既然如此，孤單的反義詞當然不會存在！（不信你查查詞典，而且不是只有中文，許多外文也是。）

「找出相反詞」是小學生的練習，輕而易舉。如果你需要去「想」孤單的反義詞是什麼？而且還想不出來，那表示，你更該探索你自己了。

在你思考「孤單的反義詞是什麼」這個問題時，你有沒有注意到：人類不存在孤單的反義詞，是因為那個「狀態」不存在於自然界，也無法被人類創造。人類可以為「解決孤單的感覺」創造很多東西，例如：賺錢，賺很多錢，但是不快樂，因為還是孤單。例如：性愛，瘋狂而危險的性愛遊戲，但結束後是更深的飢渴，因為感官欲望代替不了心靈的空洞。例如：瘋狂購物，但買完還是空虛寂寞，因為物質無法填充心靈的荒蕪（看見帳單就更荒蕪了）！

於是你知道，我們努力賺錢、拚命花錢，像是錢會咬你似的花法，都是在「交換和購買」一個「不孤單」的感覺。我們一廂情願地以為，我們真的可以藉由這些行為得到「孤單的相反」，結果只是把自己推向深淵。其他類似的行為像賭博、吸毒或任何癖好和成癮性，都和「試圖取得孤單的相反詞」有關。

存在的本質就是孤單，它顛覆不了也無可取代。不去發現、不願承認、不能接受這份孤單感，讓你的心破了洞，使你努力工作得來的，靜悄悄地失去。像是靜默的盜賊偷去了你的心血，而你渾然不知。這如果不是無明，那這是什麼？

去明白這份孤單，接受這份寂寞吧！事實上，一群人的熱鬧都因為著各自的孤單。

孤單既然是內心的問題，向外抓取或投射，又可有覓處？

其實沒有一個單獨的「孤單的反義詞」，這意謂著解決孤單的方法有很多，而且不花錢。「陪伴」是！「同理」是！「接受」是！「分享」是！「愛」是！

要是一個群體裡沒有一個人讓你感受到這五個（或其他）的「孤單相反詞」，那表示，他正處在非常孤單的狀態下。聚集成群也只是創造一個同溫層取暖罷了！所有有情生物都是來找愛的，所有無情生物都是要被愛的。如果沒人給你，那是因為他們知道你有，請你先主動的給出「陪伴」、「同理」、「接受」、「分享」、「愛」（或是更多）。

因為你已經知道怎麼解決自己的孤單了。

告訴他吧！讓一切的相遇都是最美好的安排。

◇懂你自己，才能做你自己

我的朋友千奇百怪、五湖四海，每一個人都有一套獨到的活法，都有一套生存的本領。有人日進斗金，家裡稀世名車數十台；有人創業有成，家庭事業兩得意；有人背景雄厚，生而為人生勝利組；有人閒雲野鶴，每天吟詩品茶喝酒……

每一個朋友身上我都學到點東西，也生過「要是過這樣的日子多好」的念頭。但後來發現，我看見的有可能只是表面，而且我羨慕的可能只有他生活裡的某一個部分。更何況，他所面對的「問題」可能不是你輕易能解決的。每個讓你羨慕的人，也都有著讓他頭痛的問題，他或許可以處理得很好，但你卻未必。羨慕人家的一部分「好」，卻想丟掉人家要面對的「問題」，人生哪有這等事？要是他的「好」正是透過這些被他解決的問題而來，你到底是要羨慕還是不要？

每一個人有他來到這世上獨有的天賦和道途，這些東西別人拿不走，自己也躲不掉。他眼前的生活正是因此而來，他是非得要走上這行、過上這日子，他不想也不行，乾脆就說是命吧！你不是他，縱使模仿得再像，也不會一樣。何況，就算外在的生活形態容易仿效（如果你條件夠，即便如此也不容易），內在的觀念、態度、經歷、智慧也難以複製。既然你難以複製，那何不做你自己，也活出個樣子讓人羨慕。

你羨慕人家能操作股票期貨，羨慕人家經營事業有成，羨慕人家天天閒雲野鶴。他之所以會走上這條路，背後有千絲萬縷的因緣、個人因素、性格、際遇、信仰、天時與人和等，那不是你羨慕就做得到的，更不是你多讀幾本名人成功傳記就可以模仿的。就算你跟他道途相似也起而效尤，你最後仍然不會變成他，而會變成更好的你自己。因為他與別人不同的東西在你身上也有，你看不到，只是你急著把目光投向他人做羨慕之舉，而忘了自己有哪些資糧。

回頭看看自己有的吧！如果對方是因「他個人」的有形無形資源，以及「他個人」天生的生命藍圖，搭配「他個人」的際遇、信仰、天時、人和，你豈不應該也看看「自己」有怎樣的生命藍圖？怎樣的資源？怎樣的信仰與際遇？

老天很公平，但這份公平不是齊頭式的，他有的你雖然不一定有，但他缺的你也不一定沒有。兩相比較，沒有誰占便宜，這就是老天的公平。人生總是「福無雙至」，有一好沒兩好。「禍不單行」如果來個四壞球可以保送，也是不錯的。

你得清楚你當下要做什麼，別老顧著羨慕別人、想東怨西的，趕緊把眼下重要的事情完成了吧！人家能讓你羨慕，是不是有什麼絕招？不知道，但肯定是把眼前該做的都先做了，充分運用手邊的資源資訊。最最重要的是，你得先了解你自己。當一個人已經徹底了解了自己，便能清楚自己的藍圖和資源，不羨忌他人，也不落入比較的陷阱，因為都沒必要了。

人生之道如兄弟登山，需各自努力。跌跤的時候雖然可以扶上一把，但步履還是得靠自己走。誰不是走著自己的道途呢？一人成一國，各成各的佛。一個人正因如此地對自己透徹了解，而更有足夠的心力去應用眼下的資源，成就自己的生命，乃至成就他人。

不知道眼下該做什麼？你或許該先弄懂你自己。鳥若不知道自己是鳥，就會羨慕水裡的魚。帆船若沒有羅盤，吹什麼風都不會是順風。人若不知道自己是什麼，就會不知道可以變成什麼，所以怎麼變都不對。

延伸筆記

天命

如果你正走在天命的路上，以下這些狀態和感覺是一定會出現的：

1無比踏實，縱使疲憊或工作紛至，你也會心平氣和、不忙不亂地處理。

2充滿喜悅，就算沒賺什麼錢，就算花很多時間，就算成績還看不見。

3樂於學習，但凡與此天命相關的領域，都會認真學習並且好奇。

4舉一反三，樂於發揮實驗家精神發展創意。

5資源、資金、人脈或是相關的協助，如果不是「自動到位」就是「唾手可得」。

6抗壓性高，面對冷水、奚落，能有樂觀的態度扭轉情緒和視角。

7充滿希望，在積極中懷抱夢想前進，停不下來。

8自動早起不賴床。

9為了給天命更好的發揮作用，你會注重健康，開始運動。

10你每天都很愛自己，也愛周圍的一切。

天命從來不是不用努力、不必用心自動送上門的。就算自動上門，也要你夠努力，它才能與你相應，不然老天收它回去也是常有的事。

◇信心的祕密

「沒有自信」是許多人面臨的問題，或許僅次於「如何去愛」。沒有自信的孿生子是「恐懼」。到底是先有恐懼所以沒有自信，還是因為沒有自信所以恐懼？這問題沒有意義，因為你可以像亞歷山大大帝面臨一個世紀死結的解決方式——抽出配劍一劍劈開。以下的內文將是你的「佩劍」。

許多書籍給的答案是「行動」。確實，不論結果好壞，行動總能夠帶來結果。但就算你懂得正面思考，行動的結果也不一定總是帶給你快樂。

擁有「自信心」真正核心的祕密是「決定」，也就是「願心」。一念生，八方動，當一個人真心想要完成某事，整個宇宙都會聯合起來幫助他。真正的決定不是「永不改變」，而是「持續到底」。只要還有一口氣在，只要意念還在，就永不放棄！這種決定可跟你「選電影挑片」的決定完全不同。

當你不鍛鍊身體的肌肉，它就會顯得無力；鍛鍊它，肌肉就強健、力量就充滿。

如果把「決定」想像成一塊肌肉，你越常做決定，就是越鍛鍊這塊肌肉，也就能越做出正確的決定。

很多人說作決定要快速，這我不一定苟同。快速的決定因為不夠慎思明辨，往往可能帶來錯誤。但也別太慢，你可以「想清楚」然後「作決定」，只是別忘了，決定之後緊接著就是「行動」，沒有人可以用語言創造他的世界。

當你越經常地想清楚後作決定，你就越能快速地做出正確的決定。許多人會停下來「想問題」，問題只會越想越多。煩惱皆因「想太多」，變成了「找問題」，甚至是用創造問題來逃避面對問題，結果把自己卡死，動彈不得。

我再說一次：「當你越經常地想清楚後作決定，你就越能快速地做出正確的決定。」

而當你總是能夠快速地做出正確的決定，行動上的氣勢已經讓你先贏一半，如此你很難不擁有自信。要是對於行動產生的任何一點「效果」投以興奮和感謝之心，這時滿溢的自信心和力量，已經足以驅逐所有一切的恐懼。你會發現，你擁有「熱情」、「無懼」和「力量」。

很激勵人心是不？不！除非你真的用這觀念成就了什麼。所以，決定吧！行動吧！如果我們內在的「信心」夠用，來自外界的訕笑、鄙夷、奚落、嘲諷、落敗、羞赧，都只是點綴生命的階段精采，你的「信心」是你藏在內在的「神性」，是一生最大的資產。

如果我們內在的「愛」夠用，來自對手的攻擊、對待的不公、世道的不平，都只是過程的低點，最後我們將學到：即便你不喜歡他們「做的事」，但你還是可以去愛他們。

因為，在「愛」裡，沒有分別。

延伸筆記

我決定

1不要在意他人在你之上，因為生命各有選擇，世界需要不同的、很棒的人。許多的成就不必在你，你只需要專注自己。能專注自己而又不自私，屬於你的成就自然而然到來。

2嫉妒是有情生物的天性，連貓狗都會嫉妒。正因為如此，身而為人能不嫉妒，才超越了動物，否則只是順著天性的另一種動物罷了。

3努力裝備自己，像鴨子划水，時機成熟時才有本錢登高一呼為自己造勢。

4明白人性。很多時候成敗不一定是命運使然，往往是人性造成；不清楚自己的真性情，也就搞不清楚別人的。當你真切明白自己的內在，他人的內在也就一覽無遺；當你可以一覽無遺，你就可以清明做出行動與決定的選擇。

5追求小確幸沒什麼問題，如果能幫很多人追到小確幸，你的人生就會有「大確定」。

6不要花時間在批評、攻擊、謾罵任何你看不慣的人事物，甚至想都別想，你才有專注在自己的本錢。

◇哪個是真正的你？

我們每天在不同的場合和對象前「扮演」不同的角色。是的！人間一切的一切，你的身分與認同只是在「扮演」。無論那些角色衝突與否，都不是你。真正的你安居心的當下，與神同行。當你不再與身體、頭腦認同，世界並不會因此屈就於你，但是苦就離開了你。因為你不再只為了身體的欲望而行走在地上，你心滿意足地只滿足身體最基本的需要，而將心力用在趨近於神性之道上。

走在街上，琳瑯滿目的商品都在對你招手，各式各樣的服務呼喚著你的感官前來獲得滿足。如果錢不是問題，你可以獲得任何想要的與需要的。從滿足眼睛、耳朵、味蕾、聲帶到性器官，除了心靈。

人世間有許多的誘惑對你招手，誘使你不知不覺中與世界認同，與身體、頭腦認同。於是為了滿足這些頭腦認同的需要和想要，你成了車奴、屋奴、感官奴、情緒奴、欲望奴，或者稍一不慎成了卡奴……這些「奴」為你帶來少許快樂，但也伴隨著痛苦；或者你也同意，苦是更多一些的。這還不包括佛說的生、老、病、死、五蘊熾盛、愛別離、求不得、怨憎會之苦。

因此，「生是苦」便由此得到確認。我們或許不能像佛陀一樣了脫生死之苦，好歹有機會和能力讓自己解脫世間之苦。方法之一便是「不再與身體感官的欲望認同」。下次當你在欲望上有「非……不可」的念頭，感覺一下當下的自己，是不是像是正被欲望之火焚燒一般的痛苦？如能轉念，則烈焰變清風，還能帶來幾許頓悟……

忍耐有價，克制有價，上帝對你「為了趨近於祂」所做的努力，向來都會給予正面回報，那個回報保證比銀行的高利活存還高！

◇四十以後，為自己活

人過四十，以平均年齡算來，算是走了一半兒多，是到了該對這活了半生的歲數給個看法的時候。

我至今未婚，倒不是討不到老婆，而是壓根兒從沒把結婚當回事。怡婷跟我在一起七年多了，四十以前沒結婚，四十以後我也說不準了。幸運的是怡婷也有此意，不僅如此，我們還協議連孩子也不要，就這麼倆口子伴毛孩子共度一生。

人總要走過歲月才會明白，真愛不是激情，激情是迷戀階段的玩意兒。真愛是在歲月當中碰撞火花的積累。那味兒淡薄卻雋永，日子久了便融合為一體了。真正的融合不是身體上的，心靈的契合與對味才能讓日子繼續。你說光身體上的融合那碼事能搞多久？

真愛的倆人可不一定都天天歡喜開心，彼此也總有許多讓對方大呼吃不消的習氣和慣性。分手當然容易，可要真是分了，你鐵定會在後半段的日子裡懊悔。與其到時候再來悔不當初，不如就先做好心裡準備——爺兒我這輩子就跟妳耗上了，就算是錯了也將錯就錯吧！讀者可別以為我眼中看怡婷是錯的，我這輩子犯錯不少，選擇她應該是我這輩子做出最正確的決定。

人活一生不容易，許多事真真假假虛虛實實別太較真。都四十多了，體力和心力都不如年輕時的奔放，不是隨時可以重來的。

雖說經驗告訴我，要小心翼翼，仍偶爾難免大意。錯了就認錯吧！出頭的不一定是英雄，低得了頭才是好漢哪！凡事別太計較，隨遇而安吧！遇到可講究的那就講究，不能講究的那就將就吧！湊合著過，湊合著用，知足常樂。安安分分過好每一天，別這要、那要的，欲海難填到處沾惹，吃不到活像個禽獸，吃到了是禽獸不如，要是吃相難看還得遭人恥笑，怎樣都落不著好。都說厚德載物，既然沒那厚德，還不如守靜篤吧！

回首過往，小時候的「志願」一項也沒完成，後來活明白了才知道原因，原來那些「志願」都是為別人和這社會的期許。老子就偏不依，當是任性吧！好歹來一遭，是該為自己活一回。

這份任性代價可不小。首先，你得要視眾人眼光於無物，聽眾人議論如蟬鳴，全不往心裡去，還得要有一顆坦蕩灑脫不受羈絆的心，這意謂著你野心不能太大，欲望不能太多。

但凡有野心、有欲望的人，都很難不被這世界制約。你說你獲得了吧，其實是把自己更往籠子裡塞。在籠子裡蓋起了別墅樂活了，卻忘了籠子外面才是飛不到邊的蒼穹。

這樣的心態本身就與社會主流價值相左。能在這世間有所成就，那是運氣；不能有所成就，那是當然。就寬心吧！別老不甘心。都四十多了，還談鴻鵠之志也嫌晚了，就是大器晚成也得耐著性子安定心神才能得成。人生是場賭局，籌碼多寡不在你的出身，而是你的信念。真要放手一搏，也得有必贏的把握，這把握靠的也不是知識就夠了，還得有歲月裡磨出來的智慧和手段。不然沒了把握，老是偷雞般提心吊膽地過日子，別提身體吃不消，就連心神也跟著懊糟。

打從北京回來後，我病了一場，北京空氣糟，懸浮物多，弄得一鼻子灰。低溫加上天乾物燥，這一回來就每天忙著包餛飩。我倒是沒有年過四十身體不行的感慨，反而覺得挺好。這二三年來都沒啥病痛，偶爾讓免疫系統運作運作也很好，起碼知道身體還是有自癒力。這會兒病還沒全好，又有一堆東西得寫得看。北京分享會時有人問了我這麼個問題：「你每天都在幹什麼？」問得我是張口結舌，一下子答不上話。是啊！我每天都忙活什麼呢？我又究竟是為了什麼這麼忙活著呢？

索性不想了！活著就是活著唄！都塞不回娘胎久矣，想太多、攪太雜，哪還能活得痛快？都四十多了，不快樂是以前活不明白，現在起認真做、快樂活也就是了。那些跟我八竿子打不著的國家大事、雞毛鳥事都不重要，但凡跟快樂這條憲法牴觸者，一律無效。快樂是一種心境和態度，與周圍外界是無關的，想從這世界找到長久的真快樂，那可比雞蛋裡找骨頭要難哪！

至於四十以後的人際關係呢？不求歡情縱樂，只願真心淡然。可以長年不見，共席心心相印；可以相識天下，只與味投者飲。

四十以後的人際關係，少了意氣風發的豪邁，多了看透人心的成熟；少了闊論高談唇槍舌戰，多了點頭微笑涵養的氣量。既然如此，何妨不撿朋友不挑好壞，多多益善？有緣的交久點，Key合的交深些，就連壞朋友也可以看出真道行。反正最後不是生離就是死別，清風來去誰也礙不到誰，趁還有口氣活在當下，珍惜相合投緣的此刻。明天和意外，不定誰先到呢！

四十以後的人際關係該是減法，被動一點，年紀有一些了，讓年輕人主動去。

被動不是姿態高、眼界高，而是世道同精力共衰，沉默隱潛是老成世故的調調。不再主動爭取什麼了，無謂在生命的畫布上潑染，但願回歸原始色彩。

老見不到的人就別約了，老愛不上的人就別折騰自己了，老放不下的恨就別再耗費精神咒罵了。生命值得浪費的事很多，最後你會同意只保留給愛你的人。不管那是朋友、是情人，都是值得的人。閱人無數繁華過盡，心中的人譜既多且雜，就別分別算計了。得與失之間，隨著年紀漸長拉近了距離，輸贏不再有更多指標性意義。

四十歲以後的人際關係，不畏拒絕也不憂人言，實實在在做自己。那是另外一個蛹之生。

4 知天機，不如懂人性

你得先在自己這個世界把自己弄懂；然後慢慢地，你就會懂其他人；最後這世界在你面前，就會變成完全透明，你開始洞悉「另一個世界」。

從小我經歷不少靈異事件，這裡寫出的都是曾經發生的真實經歷。我無意引導到怪力亂神，只希望藉由這幾個故事讓讀者可以更真切的知道，「我們」其實只能看見我們想看見的，在我們看不見的世界裡，有著更多超過我們理解和認知。我遇上的靈異故事都不嚇人，我從來也沒有被祂們嚇過。從來人嚇人比鬼還兇，人吃人連骨頭都不吐的，人才是最可怕的，要是有人不怕人卻怕鬼，都應該要問問自己做了什麼以至於怕鬼嚇他害他？

◇知天機，不如懂人性

人性，這幾千年以來沒什麼長進，只要熟悉歷史，你幾乎已經可以預測事情大致的走向，這是一條看透未來的明道，卻也是人性的暗巷。

很多人推薦我看書，各種不同的書，我都很愛，但偏愛讀歷史。在那些過往人物的言行當中，我可以看見自己；在那些殷鑑不遠的教訓當中，我可以警惕自己；在那些不堪回首的悲劇當中，我可以知道行止的戒律。

人的行止與規範不需要宗教的戒律，只要稍微熟讀一下歷史，你就會給人生前進的方向以及該採用的信念、價值觀、思言行，去訂出一個專屬自己的調性。這個調性別人學不來，也只有你可使得開。很多人來問我，他學了許多的「法門」，但還是不知道自己要抱持怎樣的信念。去讀歷史吧！你看看別人過去走過的路、怎麼走的，你大概就會知道，要是你來走會怎麼樣。

歷史會告訴你不同的人、不同的性格，在遭遇類似的狀況時，會有怎樣不同的處理和結局。看多了，你不但對人性會有所了解，對事態的發展也會有深刻的洞見。透過歷史看自己，你會把自己看清；當你能把自己看清了，就能把人性看清；人性看清了，世態與事態都能估摸上手。

只是，很多人、很多事你看在眼裡，卻不能說。該撞牆的你得讓他撞，該抓瞎的你也不能道破，你得眼睜睜地看著他走上一段迴旋路、唱他的迴旋曲，因為人人都有功課要作，你不能剝奪他在因果之中面對他該有的學習，他自己有責任找出路，他沒讓你給意見，你何必好為人師？你給的不一定是對的，更何況他又沒問，不必多事。等到他自己求教或是求救，再斟酌著說吧！

任何一個領域的本事，都不是讓你以行俠仗義的名義去好為人師的。人家說不定正熱頭上，看著就好，何必潑冷水！真要潑了他冷水，那肯定是我掏心窩子的話，但人家聽得進嗎？沒準他人前點頭稱是，人後啐我唾沫。稍懂人性就自然話到嘴邊留三分，話能說得擲地有聲的，多半都是心中靠譜的事；話說得含蓄甚至保守，也不一定是對說的事沒把握，常常是因為聽的人不一定對或不一定懂。

很多人想知道「天機」，就很少人能明白：知道天機不一定是好事。一是不能說（因為是他人的選擇），二是不能改（因為是他人的命運，只有他自己能改），三是得忍受眼睜睜地發生，還要當沒事、當不知道！這世界上，有很多事情不知道比知道好，不明白比明白要輕鬆，想當個「明白人」，沒有點超然灑脫外加健忘的性格，大概是很難的吧！而這樣的性格，又豈是讀幾本書就能具備的呢！歷史讓人通透人性，卻也成為灑脫不了的包袱啊！

說來都是自己情執太深，才到人間招惹，又惹熱了一腔血，陷得更深了！陷到自己有一天也成為了歷史，情執還在吧！

延伸筆記

老天給的配備

學習身心靈的觀念不會讓你更有勇氣，也無法獲得力量。這兩個都不是外在的存有，而是本在你之內的，老天給的標準配備。

力量跟勇氣的出現來自對生活目標的責任感，要是你逃避或忽略人生的責任，老天總有辦法提醒你，可能會是一段伴隨著失落迷茫和諸事不順的歷程，教你哭天喊地，直到受夠開始順服，接受面對生命的責任。

有沒有想過，老天給你這個人生不是讓你這樣用的，這世上有太多問題需要解決，太多人和動物需要幫助，你怎能還讓自己逃避與瑟縮？

我聽太多「我不知道自己該做什麼」這類的話，要是你找不到自己的人生使命，就從別的需要幫助的人事上去看見自己的責任吧！

◇後人類精神能量體

司馬中原算是最讓大家耳熟能詳的「鬼爺爺」。他老人家不只鬼故事講得活靈活現，文章更是一把罩，從文字透出的能量來看，此人即便未開悟，也已經離開悟不遠。

對從小能見鬼的人來說，鬼是不可怕的，要是還能有修行的道行，那就換鬼要怕他了。他講鬼故事時的口頭禪是：「可怕喔～～」究竟為什麼人要「怕鬼」？

首先要為祂們「正名」，為什麼自己家裡過往的人叫做「祖先」，別人家的就要稱作「鬼」？你口中的鬼就是別人家的祖先啊！因為沒有「正名」，加上繪聲繪影的訛傳，「鬼」的可怕形象就深植人心了。

其實真正見過「鬼」的人並不多，多半都是自己嚇自己，特別是心虛氣弱的時候。這時候生理心理的狀態都不好，很容易受到外界風吹草動的影響而產生心理的變化，若再加上繪聲繪影例如恐怖片的催化，不嚇死也嚇出病來。

其實鬼是真有，但多半是不嚇人的。人會怕鬼，倒要問問自己，做了什麼要擔心鬼來嚇？

他們統稱為「後人類精神能量體」，這名字是我取的，是不是聽起來沒那麼恐怖？這就對了。「名稱」會引動「記憶」與「聯想」，如果與之相關的「記憶」都是恐怖的，那「聯想」到的也不會太美好。事實上，「後人類精神能量體」確實存在，而且不少。和我們以為的不同的是：比起你怕祂們，祂們更怕你。

人的身上有「身心靈」三者，主宰這三者為「精氣神」；祂們也有這三者，只是祂們的「身」不為我們肉眼所見。我們多祂們的就是這個臭皮囊，這個臭皮囊能夠把身心靈三者的精氣神合而為一，成為一股「具體生命力」，這與祂們的存在狀態完全不同，因此祂們與「具體生命力」接觸時，其實是不舒服的。就像你不喜歡跟你完全不同調性的人互動往來一樣。

因此祂們其實沒那麼愛跟著「人」，因為會不舒服。但怎樣的人會「被跟」？就是俗稱的「卡陰」。

首先就是那「被跟」的人一定要是「生命力」低落，這不是指身體的健康指數，是指他對「活著」的態度是否積極、正面、樂觀、自信、陽光？如果不是，而是傾向負面思惟、抱怨、恐懼、消極、匱乏、萎靡、無價值、無自信……那對祂們而言即是「生命力低落」，威脅性和不舒服就大為減低，於是就可以靠近「表示」祂們的需要或是欲望。

這時候，「被跟」的這位就會在原本已經不振的生命力下，變得更加負面低迷甚至恍惚，嚴重還會有「被控制」的現象，我們稱之為「中邪」。「被控制」只能在「自主意志」極為低落或不存在的狀態下發生。

幾乎沒有例外的，所有發生這類事情者，都有著下列性格（不論是隱性還是顯性）：「低自我評價」、「經常性否定」、「無自有價值觀」、「低自信」、「經常性抱怨」、「性格陰鬱消極」……

所以，要避免卡陰、附身、中邪，最好的辦法就是正面積極、陽光樂觀，讓燦爛笑容比眉頭深鎖的時間長，讓「凡事看優點」比「總是挑毛病」要多，就能逐漸遠離「祂們」的影響。就算是你的「祖先」或是往生的家人，也不能撼動一個有著積極樂觀性格的子孫。

確實存在具有「特殊體質」能觀陰陽的人，這樣的人因為「天線」高度敏銳，其實對自己也是一項挑戰，那是另一層生命的功課。不具備「特殊體質」的人，只有對自己信心不夠、積極度不足，才會人云亦云、三人成虎，遍地是鬼。只要強化信心，啥鬼都沒了。心情好、興致高昂的時候，怎麼都不會有卡鬼的 FU？對吧！

鬼確實存在，就在你我周圍。但沒有人來的可怕！人鬼殊途，只要自己正氣足夠，啥鬼都不怕！這方面因為大家不了解加上誤傳的多，有好多好多可以講。因為我不想被定位成「裝神弄鬼」或是「怪力亂神」，所以都三緘其口。有些人熟我，找我幫忙，有些時候是「祂們」上門求助。既然都主動找上門了，我也不好推辭，能幫多少幫多少。但是我還是希望大家記得，我主要的工作還是寫作與工作坊。

至於那些你們眼睛看不到的，就別想太多，也別把我當作靈媒或是神棍什麼的……騙財騙色的才叫神棍，那跟我還著差幾個等級呢！

◇靈異體質

常聽到人們說，某某人是「特殊體質」，我一聽以為是食物過敏或是某種身體的疑難雜症……鬧了半天原來指的是「靈異體質」。

大家不要對「靈異體質」有好奇的眼光，嚴格說來，每一個「活人」，只要你能呼吸，確定是有靈魂的，你就是「靈異體質」，剩下的只是這一份「靈」是否能與其他的「靈」溝通互動。一般說的「靈異體質」指的多半是「能與另一個空間的靈體」互動交流而言，但有些人連跟「人」溝通都做不好了，卻妄想可以跟「靈」溝通？

有人說這是天生，時間到就會有；有人說這是帶天命，注定要替人消災解厄；有人說這是有道緣或佛緣，要修行；有人說這可以用後天修練而來……

眾說紛紜其實莫衷一是。以上的說法，只有「天生」我認同，其他的都是瞎說。請問哪一個活人沒有「靈」？又有誰的靈不是「天生」？不然是油燈裡冒出來的嗎？

既是天生，那老天給每個人的都是標準配備，也就是，如果有人能與「靈界」聯繫，那表示你身上也有這個能力，只是你相不相信並且有沒有使用而已。多數人相信腦袋、相信世界、相信別人，就是不相信自己可以；更有少數的人嘴裡相信，但從不操練或是操練方向完全謬誤，迷霧之中跟不相信沒兩樣。

想像你有一輛三百匹馬力的汽車，但你並不知道。你平常只用了八十匹馬力駕駛，你羨慕人家的大馬力。直到有人跟你說「你的車也是三百匹馬力」，你可能一點也不相信。當你不相信，你就不會去「開發」這輛車的潛能；或者你相信了，你會看看別人怎樣開，然後自己嘗試著，但開法卻怪異又拙劣，於是法拉利都被你開成March。

每一個人都有靈，也都通靈，也都有神通，都是「靈異體質」。不過，在與另一個世界溝通之前，你得先在自己這個世界把自己弄懂；然後慢慢地，你就會懂其他人；最後這世界在你面前，就會變成完全透明，你開始洞悉「另一個世界」。這就是一般人所談的神通發生的過程。

這就像是：你具備了小學的基礎，弄懂了小學的功課，你自然會進到「下一個階段」；要是小學功課都不及格，卻想解析中學的課本，自然是困難重重。用佛家的角度說就是：「入世」的人間事都搞不定，卻想著要「出世」，去搞懂另一個世界。搞到最後「出事」比較快，因為那根本上是一種對「人間」與「責任」的逃避。

說「靈異體質可以後天修練」的人，大抵上是沒錯的，錯的往往是修練的方向。很抱歉，這跟宗教都無關。所謂的修練就是學習、覺察、反省、修正，是一種「心行」的過程。心是自己的心，見是自己的見，與一切宗教門派無涉。往外不論見到什麼，都反射回來反觀自己，進行思考與反省，並且任何一切念頭都不對外投射，最後讓自己損之又損、止妄無念，由無為乃至無不為，這就是修行。

人都有自我反省的心，這樣的修行其實每個人每天都在做，只是自己不一定覺察到，而且反省覺察的深淺各不同。但凡對人性和自己有充足的認識，對世事的因果有一些明白的人，都已經算是通靈人士。你通的靈不是別人，正是自己。了解自己就是通靈。

但凡對他人有一份慈悲與同理心的人都算神通，那通的神不是別神，正是對方的心神。能寬大心量接納對方就是神通，這「對方」指的是一切「非你」的外在事物。

神佛不在別處，在你心裡的殿堂。

魔鬼也不在別處，在你小我與頭腦裡滋養。

天堂不用等死才去，當下心安自在即是。

地獄死了也去不了，當下憤怨不接受，立馬是地獄。

「勝人者有力，自勝者強」。老子這話無非是要我們一切從「自己」開始，自己面對、自己覺察、自己負責、自己領悟。人生，好的是由自己而來，壞的也是由自己而生，無可歸咎。受害者心態的，可能要多來幾趟才能明白。

◇黑魔法

「凡人心所能想見皆為真實」，這話得親自經歷才會相信——原來哈利波特的魔法世界真實不虛。

這世界有沒有專門拿來陷害別人的「黑魔法」？如果你沒有親身經歷，千萬別說沒有。一般的符咒、法術那都還算小兒科，真有那種可以操控他人意志於無形無感的黑魔法。我這怪胎承蒙人家看得起，碰巧有機會與這玩意兒過上兩招，結果如何？各位別看我平常大辣辣，這種跟「能量」與「徵兆」有關的異常，對我就像味蕾一樣的敏感。

其實這玩意兒就跟魔術一樣，要是你預見端倪，就先拆了對方的台，那他把戲也玩不下去了。這邊不討論對方的動機，反正不是我無意間犯到他，要不就是對方認為我是個威脅。總之最後的結果是井水不犯河水。但這些，可與許多人有興趣的「心想事成」有關。

在能量層面上的交手可沒有「不打不相識」這回事。大自然中的能量有正有負，正負相生相剋、交互循環而成太極。但正邪卻是心念所造，都是扎扎實實存在的力量，而且永遠對立，相較之下，邪永遠不會勝正。所謂的「法」是一種運用能量的能力，「法」本身是中性，端看使用者的初衷。

能量是什麼？一種有形無形世界中最最基本的元素。究竟來說，那就是《心經》裡說的「不生不滅」、「不垢不淨」的「原力」，它存在於一切周邊有形無形的環境裡，也存於你的本性、心神之中。祂無法被增加、減少，但是可以被「運用」，而運用者的「初衷」決定這份能量的正負，也決定事件會不會成。

所以《金剛經》裡會要你「善護念」，所以身心靈書籍會要你注意「身口意、思言行」。這當中的「念」、「思」、「意」決定和影響這份被應用的能量朝宇宙的哪個方向施力。是的！你正用你的心念與心神在控制你的宇宙，進而創造你人生的一切，而非宇宙有個長鬍鬚的老人掌控著你的命運。弄懂這一點，你就掙脫了命運的枷鎖。

很多人操練某些書中的「術、法」，卻發現效果有限，要是能改變在「念、思、意」上的「守正」與「精純」，那效果就會很顯著。在這之前，建議先從自己本心本性認識起，識得本心本性，諸法應用自在，不識本心，學法何益？害人害己而已！這其實就是魔法的根本。那些儀式和法器在真正懂魔法的人眼中，是心念的物質延伸，能量的交流或是交戰，都是在肉眼看不見的層次裡進行，而且進行得比你想像得激烈。

就二元世界來說，任何有形無形的能量都有正負二極之分。一個「純能量」如果不是正就是負，如果不是邪就是正，正與負之比不是零就是一百，沒有中間地帶。所以你會聽見學習與修法的人被要求，完全的「正信」與「念純」，不得動搖。這不是沒有原因的，也不全是為了符合所謂的戒律或是宗教原則，很大一部分原因是為了「願」。

「願」可以用來滿足自己，也可以用來幫助他人，當然，還可以害人。只是以害人為初衷的負面意念，一旦遇上正氣凜然或道行在其之上的，就要踢鐵板了。但凡初衷是以報復、妒忌、渴求、獲取、傷害為出發，哪怕只有一點點，都影響了這份思惟能量的純度，當然也影響了後面「實現」的效益。

「念頭不純」是許多「法」最後會無效或是效果不彰的原因。因為人多半沒有「全壞」或「全好」的能量與意念，多數人都是善惡參半好壞俱存，結果因為念頭的不純而讓心願不遂。念頭不純說的不是善惡好壞，說的是善惡或好壞的「不純粹」。

一個真正要讓「黑魔法」生效的人，一定要在自身意念上成為一個真正邪惡之人。而一個真正要讓「心想事成」發生的人，也一定要在自己的身口意上有著完全沒有瑕疵的相信與專注，半點懷疑都不能有。一般人遇上黑魔法的機會不高，成為施用黑魔法的人可能性更低，除非你願意徹頭徹尾當個惡人。

但是你一定可以當一個讓自己心想事成之人。正信、念純、專注、行動，如此而已。你不用再怨歎自己的命運或是嫉妒他人的成就，不用再把力氣和能量浪費在批評攻擊上，不用鎮日活在恐懼匱乏中。老天從來就沒打算拿走你用「心靈創造實相」的能力，甚至讓每個人都具備這「標準配備」。你唯一會面臨到的挑戰是「任何情況，此願不改、此心不變」，而一樣的正信、念純、專注、行動。似乎只有孩子有這些特質。現在你知道「赤子之心」對一個修練心性的人有多重要了吧！

喔對了，千萬記住！心正破邪，不論你遭受到怎樣的負面攻擊，守住自己的正念與赤子之心就好，不用反擊。因為邪永遠是不會勝正的！

其實生活中最常見的魔法，就是日昇日落、白天黑夜，這是宇宙施展的魔法，只是人們習以為常不以為意。在你身上最明顯的奇蹟就是你有呼吸的活著，這奇蹟同樣也是常常不被看重。一個母親的魔法是蠟燭兩頭燒還能養育孩子。在一切你最習以為常、甚至不以為然的事物當中，往往都有奇蹟在其中，如果你也有一雙奇蹟之眼。至於黑魔法，但願你永遠不要遇上，不過，對於一個外在有雙奇蹟之眼、內在總是能覺察心念的人，黑魔法也沒有想像中的可怕。

延伸筆記 神的國度

要如何從這二元世界的對立狀態，去看出宇宙的一元性、絕對性即「神的國度」？

每一個人都是用自己的主觀來看待周圍一切，有多少人就有多少世界。這裡還不包括人類以外的生命。正因為每個人的「主觀、我見」各成一個世界，因此誰來說、說什麼，都會是對的（起碼站在他的角度），也都是錯的（在另一個對立的角度）。

每個人都是對的，每個人也都是錯的；每個人都有好的，每個人也都有壞的。這世界因為這樣多元的視角而顯得多采多姿，也可以讓我們了解到，在二元中沒有絕對的對錯、好壞、是非、善惡。這也是《金剛經》上要我們拿掉「我執」與「分別心」，方能證見本性的原因。（若見諸相非相，即見如來。）

「絕對」是一元，「對錯」是二元。當你逐漸體認到，人生很多事情不能單單的用「對錯二元」去一刀切開，就已經是取得了進入「絕對一元」的入場券。這和認知到「客觀」不同，這世界不存在真正的、絕對的「客觀」。

所有人都仍是片面與主觀的看待事物，只是碰巧有些面向接近而已。這與設身處地、自他交換仍有距離。一個要真正做到自他交換的人，得先把「自己」給搞定、給扒清，自己先扒拉乾淨了，才好通透他人，不然也只是交換面具罷了！

以上，是我的視角的認知，你別信！你一定也會有你自己的「證」。

◇水鬼與道士

小時候住在木柵景美溪旁的小公寓，每到夏天酷暑難當，我總在暑假期間，有事沒事就往溪邊跑。那時還是小學一年級生的我，哪有泳褲這種東西？到了溪邊褲子一脫，要不就是穿著內褲下水，多半是光著屁股的。溪邊都是爛泥，衣褲就這麼擱在爛泥上，每次戲水完回到家，被老媽看見衣物上的泥巴，她就知道我又去溪邊玩水了。

這樣的次數一多，老媽開始告誡我不准再去。只是孩子哪裡會想到父母的苦心是為了安全，一想到有水可玩，沁涼暢快，什麼五戒八律的，通通給忘了！就這樣，我多次背著父母去玩水。

有一回回到家，老媽發現我不大對，竟然小小年紀說出一些大人聽了都會害怕的驚人之語，大概是天界鬼界之類的內容。隔天就在老媽的帶領之下，我們去到附近的一家「宮廟」收驚。

說是收驚，其實是趕鬼，老媽和廟公一致認為我被鬼附身了。就在廟公一陣唸唸有詞之後，拿了一堆點著的符紙和香，在我身前背後一陣亂揮。我本人坦白說沒啥感覺，之所以會配合，是因為這樣可以讓老媽安心，少唸我一點。

收驚之後我依然故我，照樣天天到溪邊玩水，我之反骨叛逆由此可見一斑。

當時老爸的羽球代工正在木新路的公寓裡開始，員工不多，大概不到十人。依稀記得是，我被帶去收驚後不久，老爸犒賞員工，帶大家到碧潭去烤肉。那個年代的員工旅遊，有就不錯了，不像現在的公司一樣講究，就是買一些肉醃好，再帶上一些飲料和燒烤用具，小麵包車一開，就到溪邊去了。因為距離公司不遠，員工多半是自行前往。

我這個皮小孩，前一天晚上就已經睡不著覺，想著要去到「大池子」玩水，就徹夜難眠。前一晚把所有玩水的用品打包，上床後睜眼到天明。其實，不過就是到離住家開車十幾分鐘路程的碧潭罷了！但對一個活動範圍不大的孩子來說，那就像是遠距離的旅行。

一樣是艷陽高照，抵達時，大家把飲料放到水裡，我則是匆匆穿上了前一晚媽媽買給我的泳褲跳下水。我在水裡玩得不亦樂乎！離岸邊越來越遠，離警戒線越來越來越近……當警戒線已經在我面前時，我抬頭看看不遠處的橋墩上有個平台，而平台上坐著五六個人。

可能是因為全家人都跟著來，我膽子變大了，越游越遠，距離岸邊已經大概一百公尺，我從沒有游過這麼遠。頭正浮在水面、腳下踢水的我，邊踢邊想著要怎麼游回去……正想時，腳踝被一個像是大人手掌一樣大小的「手」握住，然後開始往下扯……

我沒遇過水鬼，那當口也沒時間去想我到底遇到了什麼，只知道我一直往下沉。就在將要滅頂之際，我開口向橋墩上的人們呼救，其中一人望向我這邊，盯著我看，但他似乎對於我的呼救無動於衷，仍舊靜靜地看著，其他的人則繼續談笑……

忽然，我被一隻大手托起，原來是我的表哥遠遠看見我的呼救，便快速游來搭救我……我被送到岸邊時，吐了不少水，不過總算是撿回一命。當天的員工旅遊，就在我差點一命嗚呼中草草結束。

隔了一週，老爸開車帶著我送貨，途經碧潭邊，我看著一群人圍著地上一具草蓆哭喊著，草蓆的末端是一雙孩子的腳……道士在蓆子旁邊搖鈴燒符，我忽然驚覺這景象似曾相識！猛然一想，原來他跟我被帶去收驚時是同一個道士，而躺在蓆子裡的那個孩子原本該是我……

幾個月後，我在學校裡遇見另一個同學跟我說他「看到」的東西，還告訴我，不要跟別人講，不然會很慘。我聽了才知道，原來我們都能看見別人看不見的。在那之前，我一直以為所有人都能看見的，難怪老是被罵，甚至被打。而那一天，在水面上看見橋墩上的，根本不是人……在那之後，我就開始曉得怎樣分辨「祂們」和「他們」……

乩身往往會說：我被某位神尊選上，不做不行！跟任何通靈者一樣，這都是自說自話。其實自說自話也無妨，關鍵是你被選上後做了什麼？以及怎麼做？然後成效如何？

要盡是說些不著邊際模稜兩可，那種亂槍打鳥總會中兩隻的話語，還不能明確一針見血的解惑，能靠攏的不是痴呆就是迷了心竅。

真的降靈假的降靈都好，要是真能辦事、真能助人，倒也是功德一件，怕的就是無能協助還瞎搞。本事分兩種，一個演得好，一個做得到。

演得好的不一定做得到，做得到的不用演得神神叨叨。大道至簡，搞那麼複雜是演哪齣？

◇消失的機車行

「走！騎車去！」我對著死黨阿金說。

阿金大我兩歲，是眷村小孩，我們那年代眷村小孩都比兇的，阿金因為晚一年入學，五十九年次的他便與我同班。我入國中時還不知道這號人物，直到二年級依能力分班，我被編到不升學的「放牛班」，阿金正好坐我隔壁，黑黑壯壯的他開朗義氣，我們很快混在一起。

國中生難免調皮搗蛋，我唸國中時，雖也逞兇鬥狠，但屬於冷靜型那種，平常是不主動挑釁別人的，但被欺負也絕不畏縮。有一回我被別班的圍堵，大塊頭的阿金出面替我擋了幾拳幾腳，自此我們情感更篤，一起蹺課一起抽菸也一起飆車。

我現在這角色和這副模樣，是和當時的我完全大相逕庭的。當時的我就像是你會在校園裡看見的那種賊頭賊腦、沒事老想扁訓導主任的壞小孩。現在回想起來，其實當時只是因為得不到家庭的肯定和完整的愛，於是選擇「七逃」，成群結黨彼此有個依靠，最根本的問題是內在對愛與肯定的渴求和匱乏。

「不被愛的孩子，沒有乖順的義務」，這是當時我對自己說的話。其實不是不被愛，是父母給的愛是用他們的「認為」，而非「了解」。如果可以選擇，其實沒有孩子想要選擇離開父母在外尋求依靠，還被人說壞。不過既然已經不被認可，那乾脆壞個徹底！「既然不能流芳百世，乾脆遺臭萬年，反正爛命一條沒啥好怕。」這也是我當時對自己說的話。

叛逆已經不能滿足我，我要變壞！既然是壞小孩，怎麼可能守規矩？愛把妹、愛兜風，搭公車不是遜爆了？要騎車才拉風！那時五十西西的「山葉兜風」剛上市，阿金不知哪弄來一台，我們便經常騎車去「兜風」，駕照當然是沒有的。那時還沒有電腦網路連線，我們會事先把朋友的駕照號碼背下來，被盤查時，臉不紅氣不喘地背出來給條子聽就沒事，除非交通違規，不然沒人知道他無照駕駛。他老兄看起來也挺成熟，不像未滿十八的樣子。

有一回我和父親大吵，好像還動了粗。我便跑到阿金家窩著，幾天都不回家。我借了一台「鈴木新潮流五十」代步，他騎著「山葉兜風」，我們就這樣騎車散心去。

當時我們特愛往山上海邊跑，八成是心情特差，我們竟一路漫無目的地在羅斯福路上騎著。快要到新店時，我說：「咱們上北宜吧！」

就這樣，十一月的天，我們倆毫無準備地就上山了。兩人身上除了二百塊，就是一件單薄的外套和半桶不到的汽油，根本也沒想到油料、山上氣溫的變化，當然也沒有雨衣。果然還沒到中段，我已經凍得指甲發紫，身體蜷縮著騎車。

北宜公路中段有個賣茶的市集，阿金買了幾顆茶葉蛋和一罐蔘茸酒，為了止飢禦寒。不料休息足夠要上路時，我借來的鈴木新潮流五十居然發不動了，兩人踩得滿頭汗也發不動，只好暫時把它停放路邊，兩人騎一台「兜風」繼續前進。

行進幾個彎道後開始下雨。新店坪林地區本就多雨，十一月的天氣更是如此，兩人在刺骨的寒風中前進已經是不易，又下著針尖一般的雨，全身的毛孔都像是被冰針穿透，苦不堪言。

兩人輪流騎著，換手時，阿金在我身後將剝好的茶葉蛋塞到我嘴裡，又從後方灌我幾口蔘茸酒。幸虧當時年輕，撐得住，要是換做現在，我大概已經休克了……讀者不要去投訴我們酒駕，我們不只酒駕，還未帶安全帽、無照駕駛！那是近三十年前的事，當時騎車沒有強制戴安全帽的規定，酒駕也沒罰那麼重，何況，你忘了嗎？我們是壞小孩，違反規定，那是份內的事！

人要學會看徵兆，這一路上諸多不順已經告訴我們，不該再繼續前進。無奈那時仗著自己年輕又鐵齒，一路挺進。

走到山路行將下坡處，我們知道順著山勢往下騎就到宜蘭了，我們只知道怎麼去，至於怎麼回來，有沒有錢加油、吃飯等，是一概沒準備的。沒準備就會出狀況。下坡路不久，換阿金的「兜風」熄火，我們已經沒有體力發動，就順著下坡一路滑行，看看到宜蘭後能不能修理。

其實當時的我們就已經素聞北宜的諸多恐怖故事，什麼路邊抓交替啦、女鬼引路下懸崖啦、小鬼跟車啦……這些故事，從路邊成綑的金紙就可以知道傳說是否為真。外表鐵齒的我其實是相信的，會上山完全是在跟鬼神賭氣：「……老子心情已經差到谷底，有本事弄死我啊！林北就不相信！怎樣！」在經歷這一路諸多顛簸不順，鐵齒的我開始默默地在內心反覆誦唸小學就已熟記的《般若波羅蜜多心經》。

順著下坡，我們在山區的路邊看見一家機車行，很自然地我就把車滑了過去。

那還是一家掛著「山葉」招牌的車行。就像所有車行老闆一樣，他蹲在屋外的空地上，正在為另一台車漏機油；老闆娘坐在裡面，懷裡抱著一個孩子，手還不忘搖動身旁的搖床安撫另一個。我對老闆說明了車子的狀況。

「你這是火星塞浸水了啦！所以發不動。」他檢查後告訴我們。

「老闆，可是我們身上都沒錢了，你可以先幫我們換，到時候再拿錢來給你嗎？我證件可以放你這……」擔心他不肯，我連這招都用上了，壞小孩情勢所逼時，還是要低頭的……

「免啦！我先幫你們換，你們有經過再說啦！」就這樣，他阿莎力地換了機車的火星塞，還幫我們把油加滿，因為他大概也猜到，我們的油料不夠到宜蘭。

就這樣，還在北宜公路上，我們已經解決了車子發動和油料的問題。到了宜蘭後，其實也不知去哪，記憶中好像就是到海邊丟石頭吧！花了三、四個小時折騰到了宜蘭，卻停留不到兩小時就原路折返。我心裡還擔憂著：待會經過機車行，沒錢還人家怎辦？人家這樣幫我們，這錢不還可不行哪……

還在想著，已經到了那個車行的轉彎處，我還看見幾個小時前來修車時我刻意記住的「繫了紅帶子」的樹枝，但就是找不到機車行！我又前後到處繞啊繞的，別說機車行，除了往來的車輛，連個人煙都沒有！

我和阿金面面相覷，發冷的身體這下開始發抖了……此時天已經明顯地暗了下來，路燈開始點亮。我們明白，最好快速離開此地。

要去牽車時，我的腳被一綑金紙絆了一下。低頭一看，金紙的旁邊有著一本被浸潤了的《般若波羅蜜多心經》……

這個故事即便已經事隔多年，回憶起來依舊歷歷在目。我常常往山區跑，類似的事件發生太多！有時候因為路標不明或方向搞錯，當迷路時，總會出現一個老婆婆或是阿伯，不等我問就走過來逕自開口指引方向，就在我奇怪他怎知我要去哪的同時，他們已經憑空消失，偏偏四周空曠又不可能藏人，我才知道我遇上的是山神或土地公。後來我明白，大自然就是最真實具體的神性表彰與神力的示現，當我們身處大自然中，多一份虔誠與敬畏是必須的。

◇算命與神通

台南孔廟的徒步區有一個手相攤，平常很少算命的我，不知道為什麼心血來潮坐了下來。和過去多數的經驗一樣——七成以上都說不準。

我曾經努力地要超越命運，但後來我放棄了和它對立。我以為會被命運輾過，誰知命運放慢了它的腳步，讓我可以跟上它，然後它帶著我站上巨人的肩膀。

我相信手相會隨外在的境遇改變，但命運可不是依照手相來走，而是依「決定」。手相可以看出我過去的境遇，但看不出反骨的我對自己出人意表的決定，更何況他連過去都沒說準過。而面對不斷改變的未來，我的選擇或許不同，但決定都是一樣的。那是願心願力，可以超越一切先天的命運。

＊　＊　＊

果子狸的骨灰揚撒在五指山拱北殿的山區，我不時會前往陪陪牠。拱北殿供奉道教仙人呂洞賓，我參拜完後注意到，身後一雙眼睛盯著我看。原來是廟方的師姐。

她表情怪異、欲言又止地對我說：「請問你有跑什麼宮廟拜哪位師尊嗎？」

我愣了一下，似乎明白了什麼，便問她：「妳看到什麼了嗎？」

她笑而不答。只是帶著我到服務台，細心地給我「交代」了一些事，然後拿個銅錢用紅紙讓我包回去。

這種俗稱「錢母」的銅板，一般都是主動求才有，我未求而得或許算是幸運，真正讓我感到特別的，還是在她「交代」我的事情上。我與她素不相識，若非她有特異功能，那必是修練有成、開啟神通，方能一語中的。

一個是路邊的手相攤，一個是仙公廟中的師姐，前者為賺錢但不準，後者說話精準還拿錢給我。兩者跟我有著不同的緣分，但都算是特別的經驗。

走之前我才想起來，她有問到我胸前的盤子，說是發出讓她舒服平靜的光芒，彷彿若神。原來是盤子開啟她對我的興趣，不是因為我特別。不過，她對我「交代」的事情又確實是我眼下正在忙的，她到底是怎麼知道的呢？

這盤子我已經戴著好幾個月，朝夕不離，能量早已與我共震，平常日子幫助我許多，難得我遇到一個能解讀盤子能量的奇人。

當時她對我說：「不是我能解讀盤子，是你們共震太強烈了，強到連我這初次見面的人都能接收到……」

我繼續把盤子掛在胸前，她看了看我說：「乖一點！不要忘記，該做的事情要去做蛤！」

我猜她一定有某種神通吧？

我不算命，正確來說是不主動算命。一個人什麼時候會想要算命？多半是不順的時候，就算是以往坎坷難行之時，我也堅信命運掌握在自己的手上。直到有一回遇上一個老師告訴我，所謂的命運，不過是讓人知道何時該踩油門何時該踩煞車。

我一直認為所謂的算命，不論是國外的星象，東方的紫微、鐵板，都不過是古早留下的「大數據」，說穿了就是統計學，可以看出大概，要論精細仍是事在人為。

曾經遇過幾位學算命的朋友願意主動幫我算算，有些甚至是不世出的高人，不輕易出手。我也是不隨便算命的人，但二〇一八似乎對我是個重大的年份，會發生什麼事情不得而知，只知道必定是好事——因為我知道願力可以改變業力。

延伸筆記

神通不神

通靈和神通與大家以為的都不一樣！其實一點也不神祕，沒有任何怪力亂神之處。不要再用迷信看「通靈和神通」這回事了！

神通：認識自己就是神通。通自己的神性比通什麼神都有用，能通自己的神性，通萬有還會難嗎？

通靈：設身處地就是通靈。感其所感，困其所困，知其喜憂，感同身受，豈不就如菩薩一般「自他交換」的慈悲與神奇嗎？

以上可一點都沒有怪力亂神，誰都能辦到！

◇濟公壇的善書

小時候收驚時，發現了「道士」與無形界神祕的依存關係，從此我對神壇、道士就沒多好的印象。當兵前，有外人拿我八字到神壇作法，進行惡意的傷害，更是加深我對神棍的痛恨。我另一個對神鬼鐵齒的原因就是來自這個：內在的不服和想與之抗衡的自我。但這樣的不服與抗衡，其實就是肯定祂們的存在。

當時我第一本書《老神再在》完稿後，日子依舊簡單，遛果子狸是每天要做的事。大稻埕是個老社區，居民都彼此熟識，有個鄰居也養了兩隻柴犬，也都跟我差不多時間出門遛狗，照面幾次就開始說得上話了。逐漸熟悉後，她開始跟我分享她到某「濟公壇」擔任志工的事，並且描述得活靈活現，彷彿這位濟公師父的能力可以讓人飛天遁地似的。她見我一回說一次，還力邀我前去「問事」。

當時我剛經歷第一本書的完成，親領神恩，坦白說我沒啥事好問。某日午後我又遇見她，一個聲音告訴我：「就去看看吧！」我儘管腦袋不想去，仍順著直覺前往。

一到，不得了！活像晉見皇帝，兩排著背心的志工站兩旁，中間走道鋪上地毯，「濟公」就在地毯盡頭搖著蒲扇喝著酒。志工告訴我要先繳一百元，然後填單問事。我繳了錢等候叫名……

輪到我時，不需我開口，「濟公」先是把我的過去進行了一番描述，「是不是這樣啊？」他問。我不置可否地點點頭，他接著又說了更多的內容。我其實沒啥要問，而且那場域讓我頭痛不已。他見我沒有提出問題，就開始針對他已說、而我認同的那些部分進行「祭改」的動作。「桌頭」開始在紙上用硃沙筆畫符……

正當他要落筆時，我問：「師父啊！你剛剛說的那些我的事，不用是濟公，一般小鬼也都可以知道啊！那我怎麼知道你是真的濟公師父呢？」

我話才說完，兩旁的「志工」全部嘩然！大概是說：怎敢這樣對師父說話云云。「濟公師父」眼神飄了一下，喝了口酒，笑著對我說：「小朋友，你不歸我管啦！」

我接著問：「那我歸誰管呢？」

他答：「你歸西天那邊的啦！」

打蛇隨棍上，我接著追問：「那你到底是濟公嗎？」

他答：「總之你不歸我管，今天也沒有辦法幫你處理事情啦！你到後面去退錢吧！」

話才說完，志工就把我「請」出去了。

此後我再沒有遛狗時看見那位鄰居。直到我搬離那裡後不久，書也問世了。有一天我接到一位住高雄的臉友留私訊給我，說她是濟公師父的信徒，她有次去找濟公師父問事，濟公師父跟她推薦《老神再在》這本書，叫她一定要看，所以她才會找到我。

後來還傳了一張照片給我看，是信徒聽了濟公師父的話，買了一堆的《老神再在》放在神壇裡當作「善書」贈閱……

要是你以為身心靈工作者都是一副不食人間煙火的清高模樣，除了你的想像外，可能你遇到的都是「裝家」。仙風道骨裝不出來的，不但不裝，還比誰都真，不修邊幅、不假辭色而且還得食人間煙火。

真正的身心靈工作者因為太透太真太直，其實並不討人喜歡。就跟濟公一樣，他老人家在的時候，被時人驅趕唾棄，還給起了個濟癲的混名。其實他老人家是入世度眾，算是第一代身心靈工作者。

傳到現代，同業中沒有誰有他那麼神奇的事蹟，也沒有他那一身的本事。唯一可以算得真傳的就是「酒肉穿腸過」吃的本事。可我也沒那麼幸運就是。

我這人最缺酒肉朋友，會來找我的多半是有難題待解，或是有苦難待助。明明住在台北市這大城市，就沒有誰在要唱歌喝酒時想到我。

人要看得真切，但別活得太認真，有時候智慧就在「喇D賽」裡蹦出來，酒肉朋友還是必須的……就是他們對你或你對他們都無所求、無所顧忌的那種。

◇遇見蛇山神

第一次見到「他」，是我住到山上來的第一年夏天。

就在我一次午間的靜心裡，神遊太虛、波瀾不興的我，一睜開眼睛就看見「他」已經站在屋裡我的面前。

一開始我以為是我眼花了，直到「他」開始說話……

「你好！歡迎你來到這裡，我是這裡的守護者，地名的化身。」

「他」的穿著不知該說是時尚還是古板，透露著怪異的氣息。白色長袖的襯衫，釦子扣到頸部，緊身牛仔褲搭著一雙高筒馬靴，褲管紮到馬靴裡。這樣穿其實挺帥的，怪的是他還在襯衫外加了一件短背心，就像是撞球選手比賽時常穿的那樣。

他的頭髮烏黑而長，整齊的往後貼平，在後腦杓的部位紮起了馬尾。相貌像是一位五十多歲的中年人，有點嬉皮的味道。

我看著他大約一秒，就知道這傢伙不是一般人。雖然自從我搬上山來常有訪客，但不至於有如此怪異的打扮。還有，至少都會通報一聲，像這樣的不速之客自行「闖入」的，簡直就是不可能！而且他還挑在我正「神遊」時的靜心時段。我看他不只異於常人，還帶點白目。

「地名的化身？這裡不是叫做外雙溪嗎？」我耐住性子問道。

「那是溪的名字不是山的名字，這裡……」他說。

「那這座山叫什麼？」我顯得好奇了起來，不等他說完，我就接話。

「這裡叫做蛇山。」他用一雙琥珀色的貓眼瞳仁看著我說。但是我可以打賭，我根本沒聽過這名字！

「所以你是蛇？或者應該說你是蛇精？」我問。

「不！我是這裡的守護者。這裡因地形而得名，我則因這個名而存在。至於是蛇還是神，就看你的了！」他的貓眼瞳仁繼續盯著我，像是在對我說「只有你看得見」。

坦白說，自從第一本書《老神再在》出版之後，我的生命就發生了一連串不可解釋的奇蹟（或稱怪異）。許多常人看來不可能的發生，紛紛出現在我生活裡，但是親眼瞧見一個自稱是某種「神」的，還是頭一遭。好吧！我該把用字改一下，應該要用「祂」……

屋外發出咚咚咚的聲響，我望向庭院，正好有隻五色鳥在門前的大榕樹啄著，我曾留心過牠，這被暱稱為花和尚的啄木鳥，一個多月來，已經在樹上留下一個可容身的孔穴。

我的視線在戶外短暫地停留，當我再度轉頭，「祂」已經不見蹤影。這時候我親耳聽見：「在這裡有很多我的夥伴們居住，他們都會避著你，也請你有看見時不要傷害他們……」

第一次的會面就這樣簡短地結束，我無法確認這是我神遊所見，還是祂具體出現。總而言之祂不在了，留下午間陽光灑落屋子裡的我一片空白的神識。

「我一定是精神分裂了！居然大白天……」我試圖讓自己清醒些。我看看身邊，果子狸正在我腳邊酣睡著，看來牠剛才並沒有醒來，抑或是牠一直是醒著，只是沒有對這擅闖者吠叫。

隔日，我在屋子外見到一條蛇蛻，足足有將近兩公尺長。

萬物有靈，無分無別。一旦人與天地交通，「祂」不再無形無相，也不再只有單一窗口，更非只能用意念溝通，而是「有身有影」地出現在面前。

這個故事我說給一些來訪者聽過，但是除非你是我，否則仍然只能半信半疑的……

人與自然本來就是一體，頭腦卻把二者分開了。

大自然教的是天地之道，頭腦只讓你明白生存之道。

◇從前從前的老住戶

這天我剛結束山上的工作坊，消耗了大半能量的我，於晚餐後工作人員離去後，坐在桌前歇息。我在裡頭的房間，但屋外正熱鬧著。

農曆七月，窗外是白影幢幢，飄忽來飄忽去。一般敏感的人可能可以「感覺」到，我對「祂們」則是一目了然！

鬼確實存在，我曾談到過，那不過就是不具肉體的「後人類精神能量體」，祂們也曾經是人，有著人的喜怒哀樂和執著。祂們在我眼中呈現的是半透明狀的人形，你可以藉此辨別是「祂們」還是「他們」。要不然，把人當鬼太冒失，把鬼當人又太白痴。

約莫是子夜吧！我清楚的聽見敲門聲。

「扣扣扣～」我望向門口，不見人。我轉回頭繼續上臉書……

又是三聲「扣扣扣～」。我決定暫時不回頭，先定定神深呼吸，然後我緩緩地回過頭去。一個約莫三十出頭的女子，著清末民初的服裝站在屋外。一襲素色粗麻的斜開上襟，大大的袖口，兩手交疊，雙膝微蹲。好吧！鬼其實是有腳的，只是不用走，用飄的，稱「阿飄」真是太正確了。

她臉蛋看來還算素淨，有著農村婦的黝黑，一臉歉笑好像在說：「打擾了！」

「可以進來嗎？」祂說。

這深山野嶺又是中元前後，換作是你，給進不給進？要說鬼嚇人，那是沒有的事，我今天就要為祂們平反一下。其實這世上會害人、會嚇人的，只有人而已。人不只嚇人，還會吃人呢！只是，跟你遇見會吃你的人，那要你自己檢討一樣，你要是遇見會嚇你的鬼，你究竟是做了什麼呢？

「請進！」我帶著一些好奇一些驚訝，卻沒有驚嚇。

沒有奉茶，祂們不能夠飲食人間的食物，拜拜裡祭拜的食物，那都是用活人的角度去獻上心意的，祂們根本不能吃，最後還是落入活人的五臟廟裡。

「今天來是來道謝，也道別……」祂幽幽地說。祂們說話不需要開口，看著我直接傳心。那訊息來得極快，往往一秒之間已經將祂所有要說的都表達完全。為了說故事，我把它「翻譯」成一般文字。

「其實我們有不少個都在聽你講課，我每一場都在門口聽著……」現在各位知道為何經常有上課學員跟我反應，上課前頭疼腦熱肚子發脹的，原來是因為體質敏感，感應到祂們的存在。

「本來是知道要往哪去的，但是捨不得呀！我在這裡住了一輩子，三代人，這裡是我所有的一切，連身子骨都在這……」我靜靜地聽著，升起憐惜的心情。但祂不是聶小倩，我也不是甯采臣。

「我是李氏人家，夫家姓羅，有一子三女，在這裡世代耕作。這裡是肥沃的水田，我們耕作的收成供應台北城，日子辛勞清貧。我目不識丁，但喜聞佛法，每每山下年度法事總有法師起座，我一定攜子參加。不料有場冬季的大雨，我染病亡故，卒年三十八……」祂一口氣交待了自己的「個資」，像是在說戲詞似的。三十八歲就走了，算是早了！難怪會有一口氣不甘心！

我告訴祂，我來這裡是有因緣的，至於是不是來幫祂們的，我並不知道。不過不管是不是因祂們而來，有幫到是最重要的。

語畢，祂起身要走，道：「多謝你的開示，讓我捨所當捨……」祂說得我像是大師似的，不過我很清楚，我只是一個肉體凡胎，不小心撞上天命，靠爬格寫字噴口水養活身子的凡人罷了！

「告退了！」我才想起，祂其實根本可以不敲門就進來的……

走之前還嫣然一笑地來個俏皮話：「你燒的那個草味道真是不好聞哪！」我又想起「祂們」是全靠「氣味」存在的。

然後我看著祂轉身，飄忽消失……

我來這裡一晃也快三年了，每年的中元前後，還是一樣白影幢幢，但就是少了「李氏」……

常聽人說，死過人的地方不吉利，這實在很匪夷所思。試問哪個地方沒死過人？哪個地方真正的「乾淨」？在我住進去那屋子以前，那是存放先民骨灰的石屋，後來骨灰雖然移厝，但是「祂們」並沒有離開。也因此我得以「近水樓台」地與祂們經常有互動。有一回在屋子招待朋友至深夜，漆黑無人的竹林裡傳來悠揚的笛音和吟唱的歌聲，我和怡婷得知祂們也和我們一起同樂，彼此會心一笑。說起來，和祂們相處其實單純多了。

◇隨波逐流才需要算命

知道嗎？所有的算命，不論是紫微、流年或是星象，你都可以想像成「生命之河」。

如果你不往岸上努力地划水，你只是在河上隨波逐流，任命運帶你到你命裡安排好要去的地方、要發生的事情，那很可能是個瀑布，但你看到才開始划水已經來不及了。要怪只能怪自己一路閉起眼睛，舒服地漂浮著睡覺。多數人都是睡著正香被沖下瀑布，措手不及中被這條生命之河玩完。

要是不想ＧＧ，或許你可以先在河面上醒來，看看自己當下的處境，然後決定。如果決定要閉起眼睛繼續睡，把瀑布當沒看見，好歹你是帶著覺察墜落，當無有遺憾。

當然，你一定希望能夠醒來，而且趕緊上岸，那你就得努力地划水，而且方向要對。那些在岸上的人不能飛過來拉你，但能在岸上指導你怎樣可以划快點。一天到晚算命是不會讓你上岸的，頂多讓你知道離瀑布有多遠，可以慢一點緩一緩，但結局還是得下去。

努力修養心性、端正言行、廣結善緣、心誠意正、敬天愛人……等，就是朝著岸上划水。過程中你一定會很累，累到汗流浹背、千辛萬苦，還被在河上睡覺的人笑，笑你胡思亂想，笑你有福不享。

你知道最後會發生什麼事，在你上岸後，你會聽到遠處傳來的驚恐尖叫。他們呼救，但你救不了他們。太遲了！但你可以叫醒還在河上睡覺、對瀑布即將到來仍渾然不知的人。

對已經上岸的人，「命運之河」是奈何不了的。為何某些人的命總是和算命先生說的不一樣？不是算命先生工夫差、失準頭，而是高度意識覺醒的靈魂本身，就已經超越生命之河的高度，命運對他自然是沒有精準度的。

如若命運之河是當承受的「果」，「努力划上岸」則是「滅因」的過程，這就是佛菩薩解脫因果的路徑。好消息是，這條路徑不用門票，只要你願意。

你為了成佛嗎？不是，你其實只是想自保，卻在過程中幫助了他人。這可不只是雙贏，這個你贏得可多了！

◇與其窺探前世，不如今生努力

何須探究前世？你今生所受、所發生的，已經對你揭櫫前世的緣由。

此生有悲苦難當，就算明白與前世有關，也已經無法逆行回去前世解因，能做的只有更專注、更用心地在當下面對該處理的事情去穿越。你在為此生努力穿越困境的過程，其實就已經在解前世的因。

前世回溯不是不行，而是為什麼要？老天不會只因為你好奇就揭開封印，只有已經了然此生奧義的人與機緣成熟之人，方能一窺前世。

欲知前世因，今生受者是；欲知來世果，今生做者是。像開車一樣，人活著不能總是向後看，可也不能不注意後面只管向前。真正的活在當下是「眼觀四面，耳聽八方，無比專注」，然後才能因為甚深專注而眼明手快地做出恰當的決策。

汽車踏板有油門和煞車，一個負責向前，一個負責停止。其實兩個是「對立」的。但「對立」在二元世界必須同時存在，否則就會出亂子。你能想像沒有煞車的汽車會發生什麼事嗎？你當然知道。

一個會開車的人把車開在路上，很清楚何時該踩油門、何時該踩煞車，但走在人生的路上，很多人卻不明白，然後把自己的人生搞得滿目瘡痍。

不管你信或不信，一個在開車搞不清楚油門、煞車使用時機的人，往往在人生的路上也常常出亂子，不是瞎折騰自己，就是給別人添亂。

前世又前世，因帶果，果造因，無數前世無數因果，何處回尋？很多的事情其實可以見微知著，從此生找緣由足矣，何須探尋前世？

有許多人可能受到「前世今生」書籍的影響，催眠時都很希望可以探尋前世。我知道有些人不信前世，這些不信的人，我們今天暫時不討論，我們針對相信前世的朋友們聊聊。

我的經驗告訴我，前世記憶的出現有許多方式：夢中是一個，靜心是一個，因緣到位是一個。尤其用催眠進入前世，是最需要「因緣聚足」的。也就是：不是每一個人可以透過催眠回顧前世。

我個人是不太贊同「今生有難解的結，就去看前世種的因」，確實因果會「隔世顯化」，不過透過看前世因就想免去今生果，是不切實際的想法。

「想免去今生果」本身就是一種逃避！有效的方式是這樣的想法：「無論我前世是誰，做過什麼，我都願意在今生面對、承擔、負責。」當你有「完全承擔」的氣魄，反而有可能扭轉因果。

因果指的就是你的面對和負責。

想盡辦法窺探前世，若初衷只是想要「少一點今生苦，多一點今生福」，那我建議，還是多在今生努力，會比窺探前世要來得實際且受用。

過去世是已經過去的了，你此生的思言行對你此生的影響，遠遠大過前世的因果。縱使真的因「前世因」而來的病災，也可以透過你此生的積極面對、勇於負責、無畏承擔而削減。

消罪孽、增福慧，最好的辦法不是打坐唸經，不是助印經書，不是放生，不是去探究前世。自古以來從來都是「負責任」的願心、願行在生效。至於宗教說的那一套，我沒有否定，但看看最後是誰得利？

延伸筆記

堆積

人的一生不停堆積，你願不願意都得堆。所以堆完了煩惱堆皺紋，堆完了錢財堆病痛，堆完了感情堆分手，堆完了恩怨堆執著。

老天很慈悲，你不管想不想都得堆，所以祂設計你最後不管想不想都得放。放手，不必等死時不甘不願，活著就該學習放下包袱。除了輕省，還清心。

很多人不明白怎麼在人生路走得順暢，說是有一堆包袱，其實裡頭裝的大多是別人的東西或期待。拿別人的包袱當自己的，還背得挺拔，爽到別人累了自己，難怪知道做自己卻做不到。

不懂放下這些包袱，就無法清心，無法清心，腳步就不能輕省。其實「不懂放下」就是因著無明而生的執著啊！這份執著就是生命道途的路障！

你此生所有一切理想、夢想，都得靠這臭皮囊，你不善待自己，不愛惜身體、心靈，不打算清理內在讓自己清心、健康，卻期待這個身體和心靈作為你的工具助你完成夢想？

我沒見過比這荒謬的事了！就好像學生跟老師說：「我不想唸書，但你讓我第一名好不好？」

你如果是老師，你會怎麼回答？

◇催眠與我

作為一個人，靈性上的神格是完美的，但人格上則必定有缺陷，這是為何我們會在此處的原因之一，因為沒有「境」，你就修不成。處在神性般心想事成的狀態中，你的缺陷不能彰顯，亦沒有機會修正。只有在人間，願望和現實有著時間差和能力差，你才有鞭策自己進步的可能。

任何努力使自己進步的都叫做修行，不論是在靈魂層面或是物質層面；甚至，不管你知不知道靈性。

我是個幸運的傢伙，無意間連結了高等意識，用自己的手寫出了幾十萬字，這些文字幫助了我認識自己、改變自己，甚至扭轉命運。但不是每一個人都可以很快做到連結自己的「高我」，因此我尋求一個可以幫助人們「認識自己」的工具已經很久。

像是老天聽見我的渴求似的，帶著幾分幸運和巧合，我竟然與堪稱國際催眠大師的廖閱鵬老師成為鄰居，也因此在上完他五週的催眠課程之後，我找到了這個人人可用、人人可學的「認識自我」、「改造自我」的工具——催眠。

當年我無意間打開了自己心靈的密室，我盡可以詮釋自己的過程，交代中間的發生，但在說故事之間，我缺乏一套立論清晰、功能強大、放諸四海皆準的「學說與技巧」去幫助前來尋求協助的人們。

靈性之難，難在無形無相的抽象概念，除非訴之生活點滴，否則難以明白靈性的造作為何。過往，這需要佛家所說的一點悟性；而悟性之難，難在我們認為，那是眾生的問題不是我們。但真正的「明師」不是給予知識和觀念，而是要開啟人們的悟性。如果有一個簡單的方便法門去開啟眾生的覺悟、啟迪人們的良知，「催眠」確有奇效。

過往我所認識的催眠相當粗淺，似乎那只是一個「創造信任」和「無意識影響」的技術……是的，當時對我來說，那只是一門為特定目的而發展出來的「術」，與心無關。然而被老天啟迪之後方才明白，這世間一切可見和不可見的，有什麼是真正與這顆心無關的呢？

我深知「由心入道」的重要。有很長一段時間，我偏執地以心為主，忽略術的重要。直到近期才略為平衡二者。在上過催眠課之後，我訝異地發現，催眠是一門結合「心道」與「術道」的學問。前提是帶領者必須要具有深厚的心靈內力，才能夠心術合一的給出無漏的教導。

廖閱鵬老師是一位在年輕時勇闖人性江湖，閱歷無數，又深入佛學經藏取得碩士資格的前輩，在成為知名人士之後，依舊低調謙虛的潛修精進，在棋藝、葛吉夫第四道、催眠領域裡，都有高廣厚實的根基。

尤其是催眠，他針對催眠，可以說是窮畢生之心力，將所有佛學中的領悟、靈修中的觀照、生活中的觀察，無一遺漏地全然融入催眠中，讓這個連在國外都數冷門的學問，在他手上活靈活現應用自如。

飽讀經典律藏、涉獵極廣的廖老師，說話不慍不火、慢條斯理，口條清晰用字精準，擅長在談笑間，將催眠教學授之以無形。五次的課程下來，全然沒有壓力，卻全都沒有忘記。

催眠老師很多，要找到沒有匠氣的卻不多見，因為除非你讓你所學的完全融入你的思想和生活細部，深入自己的血肉骨頭，才有可能在教學上達到無術之術、無招之招的境界。如是高等深厚功力，讓我深深折服，也慶幸自己找到了「做他所教、教他所做」的真老師。

◇以幻止幻

催眠是一種處理身體、心靈、心理的專業技術，也因此其涵蓋範圍之廣，令人咋舌，背後的心法也永遠學不盡。一句話，催眠是統合整理所有身心靈的疑問、技巧並給出實際解決之道的學問。

作為一個具有通靈能力的人，催眠提供了一個名之為催眠的靈性療癒機會，少了怪力亂神的印記，多了學術專業的背景。當心智出現問題，催眠可以協助；當靈魂出現狀況，催眠也可以協助。

我的老師廖閱鵬是一位修道多年的實修者，特別是對禪宗。真相，對他來說就是一種生活態度。我永遠記得學習催眠時老師的第一句話：「看見真相即解脫！」此後我都以讓自己活在真相中為生活目標，進而協助他人發現真相。

當然，真相知道了之後，不會立即解脫，你還得「願意使力」才能掙脫生命、心靈的牢籠。

向每個願意掙脫心靈牢籠的人致敬！你們其實勇氣驚人。大多數人還是情願每天渾渾噩噩逃避真相，他們情願追逐短暫的快樂，也不願吃點小苦、換取長久的自在喜樂。

面對「真實」需要勇氣，更需要過人的智慧。

對我來說，與其說催眠開啟了我另一項能力，不如說催眠開啟了我的覺悟更適切。人活到一定的年紀，在同溫層中該有的能力，其實都已經有一定程度；相較於能力，在人生的下半場，更重要的是覺悟，覺悟到人生是一場虛構的幻影，然後可以輕輕放下執著。

在今天之前，我曾經歷過往昔的每一個擁有、每一個事件、每一個畫面，都曾經使我著迷、愛戀，即便是漫不經心、流淌而過的歲月，也都還占據著我的記憶。記憶透過相似的人和場景、當時的音樂、氣味、氛圍，時不時地蹦跳出來，當時是那麼地真切，回憶的畫面卻又是如煙似幻。

都過去了！除卻當下的一秒，一切都不復存在。時間飛也似地滾著，就算我使勁想找回每一個之前的片刻，也只能拾起殘破的記憶畫面，然後看著這些畫面在歲月中褪色。

人來自虛空，早晚也回歸虛空，一坏土而已。就算是留下微言片語、照片身影甚或是功勛事蹟，最後也耐不住滾滾紅塵的時光巨輪而消聲匿跡，一個也不會留下，一個也不被記憶。世間，套句海濤法師的說法：「假的！暫時的！」

可是雖說時間是假的、世間是暫時的，我們卻又在這個必毀的幻象人間活得那麼真，或者真的那麼活著。我們設定目標、追求欲望，活得像是永遠不會死、活得像是香火永續，卻從來沒有好好地存在當下的一刻活過。我們甚至沒有想過，自己生命的覆滅，可能就在頃刻間，意外和明天不知道誰先來。

趁還活著，創造吧！追求吧！享受吧！燃燒生命揮霍吧！於是你閉目馳騁在有形的疆域，追逐著每一個欲求。一開始是「只要我喜歡，有什麼不可以」的任性豪邁、新鮮刺激；慢慢胃口養大了，「只要可以的，我通通都喜歡」，企圖攀越幻境中的山峰，而在攀峰的過程中爭先恐後權謀盡出。那些還在山腳下的人也沒閒著，他們說「不管喜不喜歡，我都要可以」，咬著牙、皺著眉也要活出他人眼中的一個樣子……

於是世間像是摻了劇毒的醇酒，不只迷醉，而且致命，最糟的是這杯酒還是苦酒。明明喝著是苦，又要在人前裝著不苦，更苦。有人決定承認、面對、接受這杯苦酒一飲而盡；有人怕苦，稀釋成一缸子，騙自己這樣不苦，每天喝一點，喝上一輩子，直到被劇毒啃蝕了神志再帶到下輩子喝。

這杯生命的酒很奧妙，在你認出它的苦和毒之後，就消除了一半的苦毒；你有勇氣一飲而盡，還能感受到它的回甘，不僅不苦不毒，還能醍醐灌頂——那是為生命負責的報酬。它讓你知道苦和毒都不是真的，傷和痛也只是幻境中的假象，當你終於有勇氣一飲而盡，方能大夢初醒。

醒了之後，你會明白，你那今天高興、明天悲傷、變來變去的心智頭腦不是真的；你會明白你用盡理由、想盡辦法要向外達到的欲望不是真的，不只不真，過程可能也不樂。笨一點的會繼續往外追，持續找下一座山峰攀，用頭腦想辦法攀；有智慧的就會注意到，生命像個老鼠迴圈，於是坐下來開始找脫離老鼠迴圈的出口。

你可能不承認自己活在老鼠迴圈的遊戲中，那是你命好，還沒讓你感受到像老鼠一般跑迴圈的苦。不過也算你命不好，感受不到苦，正是因為苦習慣了，就對苦失去覺察了……迴圈何只一種樣式？但凡你的人生曾經有過欲望、理想、心願，就承認吧，不要再自欺欺人了，你在追逐的過程中，其實一直給自己打強心針，或者找別人給你打雞血。

催眠不是雞血，如果你對雞血有需求，催眠可以做到；但催眠真正的功能是「催醒」，催促你從人生的幻象中醒來。很多人認為催眠很神祕奇幻，這個看法即便在資訊發達流通的網路世代還是很普遍。這是有著形而上的原因——這個世界既然是幻象，那麼也只有神祕奇幻的催眠可以「以幻止幻」。

國家圖書館出版品預行編目 (CIP) 資料

懂你自己　才能做你自己：找到你的天賦與道途，人生會更自由與豐盛 / 謝明杰著 . -- 二版 . -- 臺北市：商周出版：家庭傳媒城邦分公司發行 , 2024.05
面；　公分
ISBN 978-626-390-145-2（平裝）

1.CST: 心靈學 2.CST: 靈修

192.1　　113006161

懂你自己　才能做你自己：找到你的天賦與道途，人生會更自由與豐盛

作　　者　謝明杰
責任編輯　徐藍萍

版　　權　吳亭儀、江欣瑜
行銷業務　周佑潔、林詩富
總 編 輯　徐藍萍
總 經 理　彭之琬
事業群總經理　黃淑貞
發 行 人　何飛鵬
法律顧問　元禾法律事務所王子文律師
出　　版　商周出版　115 台北市南港區昆陽街 16 號 4 樓
電話：(02) 25007008　傳真：(02)25007579
E-mail：ct-bwp@cite.com.tw　Blog：http://bwp25007008.pixnet.net/blog
發　　行　英屬蓋曼群島商家庭傳媒股份有限公司城邦分公司
115 台北市南港區昆陽街 16 號 8 樓
書虫客服服務專線：02-25007718　02-25007719
24 小時傳真服務：02-25001990　02-25001991
服務時間：週一至週五 9:30-12:00　13:30-17:00
劃撥帳號：19863813　戶名：書虫股份有限公司
讀者服務信箱 E-mail：service@readingclub.com.tw
香港發行所　城邦（香港）出版集團有限公司
香港九龍土瓜灣土瓜灣道 86 號順聯工業大廈 6 樓 A 室
E-mail: hkcite@biznetvigator.com　電話：(852)25086231　傳真：(852)25789337
馬新發行所　城邦（馬新）出版集團 Cite (M) Sdn Bhd
41, Jalan Radin Anum, Bandar Baru Sri Petaling, 57000 Kuala Lumpur, Malaysia.
Tel: (603) 90563833　Fax: (603) 90576622　Email: services@cite.my

設　　計　張燕儀
印　　刷　卡樂彩色製版印刷有限公司
總 經 銷　聯合發行股份有限公司　新北市 231 新店區寶橋路 235 巷 6 弄 6 號 2 樓
電話：(02) 2917-8022　傳真：(02) 2911-0053

■2018 年 1 月 29 日初版
■2024 年 5 月 23 日二版
定價 380 元

城邦讀書花園
www.cite.com.tw

線上版回函卡

Printed in Taiwan

　ISBN 978-626-390-145-2